歴史文化ライブラリー
404

天下統一とシルバーラッシュ

銀と戦国の流通革命

本多博之

吉川弘文館

目　次

戦国大名と銀　一五五〇年代〜八〇年代前半

豊臣政権と銀　一五八〇年代後半〜九〇年代

［凡例］

一、本文で引用あるいは参考とした文献については、文中に執筆者名と図書名（論文名）のみを記し、出版社（掲載雑誌・号数）や刊行年（西暦）については、巻末の「参考文献・史料」に示した。

一、叙述上必要な場合には史料の引用をおこなったが、その場合は「書き下し」とし、必要に応じて振り仮名や送り仮名を付けた。また、史料を引用した場合は、本文中に史料名のみを記し、出典となる史料集などについては、巻末の「参考文献・史料」中の「引用史料の出典一覧」に示した。

一、長文の引用史料は、基本的に二字下げとした。引用史料の旧漢字は新字に改め、適宜句読点とふりがなをほどこした。

一、年の途中で改元があった場合、改元前までは前の元号、改元後は新しい元号を用いた。

一、基本的に和暦（西暦）もしくは明《みん》暦（和暦、西暦）としたが、ヨーロッパ史料による場合、西暦（和暦）とした。

シルバーラッシュと東アジア世界――プロローグ

ゴールドラッシュ

最近の海外ニュース（二〇一四年二月）に、アメリカ合衆国のカリフォルニア州北部に住む夫婦が愛犬と散歩中、一四〇〇枚以上の金貨が埋まっているのを発見した、というものがあった。場所は一八四八～四九年頃、ゴールドラッシュに涌《わ》いた「ゴールドカントリー」と呼ばれる地域で、新品同様の金貨が複数の缶《かん》に年代別にまとめて納められた状態で発見され、時価総額は一〇〇〇万ドル（約一〇億円）を超えるという。

「ゴールドラッシュ」とは、金が発見された地域にまた新たな金の鉱脈を掘り当てようと、文字通り一獲千金《いっかく》を狙って採掘者が殺到した様子をいうが、その中でも特に有名なのが一八四八年頃のアメリカ合衆国カリフォルニアで起きた社会現象であり、今回のニュースはそれを改めて思い起こさせるものであった。

実は、その「ゴールドラッシュ」よりも三〇〇年以上前、すなわち十六世紀の日本を含む東アジアでは、「ゴールドラッシュ」ならぬ「シルバーラッシュ」が起きていた。しかもそれは、一過性のものではなく、十七世紀に入っても続くような長期にわたる経済現象であった。

そもそも、この「シルバーラッシュ」が起きたきっかけは、十六世紀前半に日本で銀山(石見《いわみ》銀山)が発見され、その開発が本格的に進められたことによるが、東アジア北方における銀の出現は、銀を国際通貨としていた東アジアの貿易構造に大きな影響を及ぼすことになった。銀(「倭《わ》銀」)を持って日本を出航する船舶、あるいは銀を求めて日本に来航する外国船によって国際貿易が活発におこなわれた。

本書のねらい

さて、一九九〇年代以降、日本の学界で盛んであった歴史学の分野として、東アジア海域史と貨幣流通史がある。両者は、日本という国家の枠組みを超えて議論された点に新しさがあるが、その視角は東アジアの国際関係や貿易構造だけでなく、日本国内の政治・経済の構造的変化を検討する上でも有効である。

たとえば戦国大名、とりわけ西国の大名は、東アジア規模で展開する人や物の流れに対する政策的対応を領国支配の重要な柱としていたし、織田信長や豊臣秀吉、そして徳川家康などいわゆる天下人《てんかびと》も、海外情勢を常に注視し、貿易をはじめとする対外政策で積極的な対応をみせた。また、金や銀などの貨幣動向も、日本の国内市場だけでなく東アジアの貿易構造と密接な関係を持っていた。

一方、十六世紀当時の日本について述べるならば、政治状況は権力の分散、いわゆる戦国大名が競合する（地域「国家」の並立）状態から統一政権の誕生（天下統一）に向かう途上であり、経済状況は全国各地の荘園年貢が京都や奈良など畿内の荘園領主のもとに輸送・収納される仕組みを基軸とする荘園制市場構造が解体して、諸藩の年貢米が売却され金銀に換えられる市場《しじょう》である大坂と、幕府が置かれた江戸、そして各地の城下町が結びついた幕藩制《ばくはんせい》市場《しじょう》構造《こうぞう》が成立する過渡期といえる。

そしてこの間、国内統一をめざし、それを実現していく天下人が登場し、ついに天下統一が達成された。そこで重要なのは、日本国内の現象が、それを取り巻く東アジアの経済変動と密接に関係しながら展開したことである。

したがって今求められるのは、戦国時代から江戸時代初めまでの様々な出来事を、単に日本国内における国盗《くにと》り物語や天下取りの話に終わらせるのではなく、国際的見地から、十六世紀から十七世紀初めまでの東アジアにおける政治・経済的な動きの中に位置づけることである。

そこで本書では、近年の東アジア海域史研究と貨幣流通史研究の成果をふまえ、銀の動きを中心に据《す》えつつ、十六世紀から十七世紀初めまでの日本における政治・経済の構造的変化について、東アジアの国際関係や貿易構造の変化と関連させながら具体的に述べてみたい。

石見銀山の発見と開発

一五二〇年代〜四〇年代

石見銀山の発見と開発

世界遺産「石見銀山遺跡」

二〇〇七年七月、島根県のほぼ中央部に位置する大田市《おおだ》の石見銀山遺跡がユネスコの世界遺産リストに登録された。国内で一四番目、産業遺跡としては初である。

石見銀山遺跡は、「銀鉱山跡と鉱山町」「街道」、そして「港と港町」の三つからなる。「銀鉱山跡と鉱山町」は、十六世紀前半から二十世紀前半まで操業《そうぎょう》された銀鉱山開発の諸様相を良好に残す鉱山の中心部分と、それに伴って発展した鉱山町であり、「街道」は銀山から二つの港（鞆《とも》ケ《が》浦《うら》と沖泊《おきどまり》）に向かって伸びる銀・銀鉱石や諸物資の輸送路であり、そして「港と港町」は銀・銀鉱石の積み出しに利用された二つの港と沖泊に隣接して発展した港町の温泉津《ゆのつ》である。

石見銀山は、十六世紀以降、約四〇〇年にわたって採掘された世界有数の銀鉱山だが、十六世紀半ばから十七世紀前半までが最盛期であり、世界の産銀量に占める割合も大きかった。

また、石見銀山における銀生産の技術は日本国内の多くの鉱山に伝えられ、この頃日本は銀生産の隆盛期であった。なかでも石見銀は高品位で、海外にも大量に輸出され、東アジアの貿易構造を変えたほか、胡椒《こしょう》など香辛料の獲得やキリスト教布教の新天地を求めてアジア進出をおこなっていたヨーロッパ人（商人・宣教師）の活動を活発化させ、彼らの行動は中国商人とともに、当時の日本の政治・経済や文化に多大な影響を与えた。

当時の銀生産は、採掘から製錬《せいれん》まですべて手作業でおこなわれていたが、それを示す露頭掘《ろとうぼり》（露出した鉱脈の採掘）跡や「間歩《まぶ》」と呼ばれる坑道跡が六〇〇カ所以上今なお現地に残されており、これに隣接した製錬工房や生活空間であったと推測される平坦面も多数確認されている。

なお石見銀山は、しばしば大森《おおもり》銀山とも呼ばれるが、それは江戸時代、鉱山に隣接して発展した幕府直轄の石見銀山御料《ごりょう》一五〇余村の中心町「大森」に由来するもので、現在

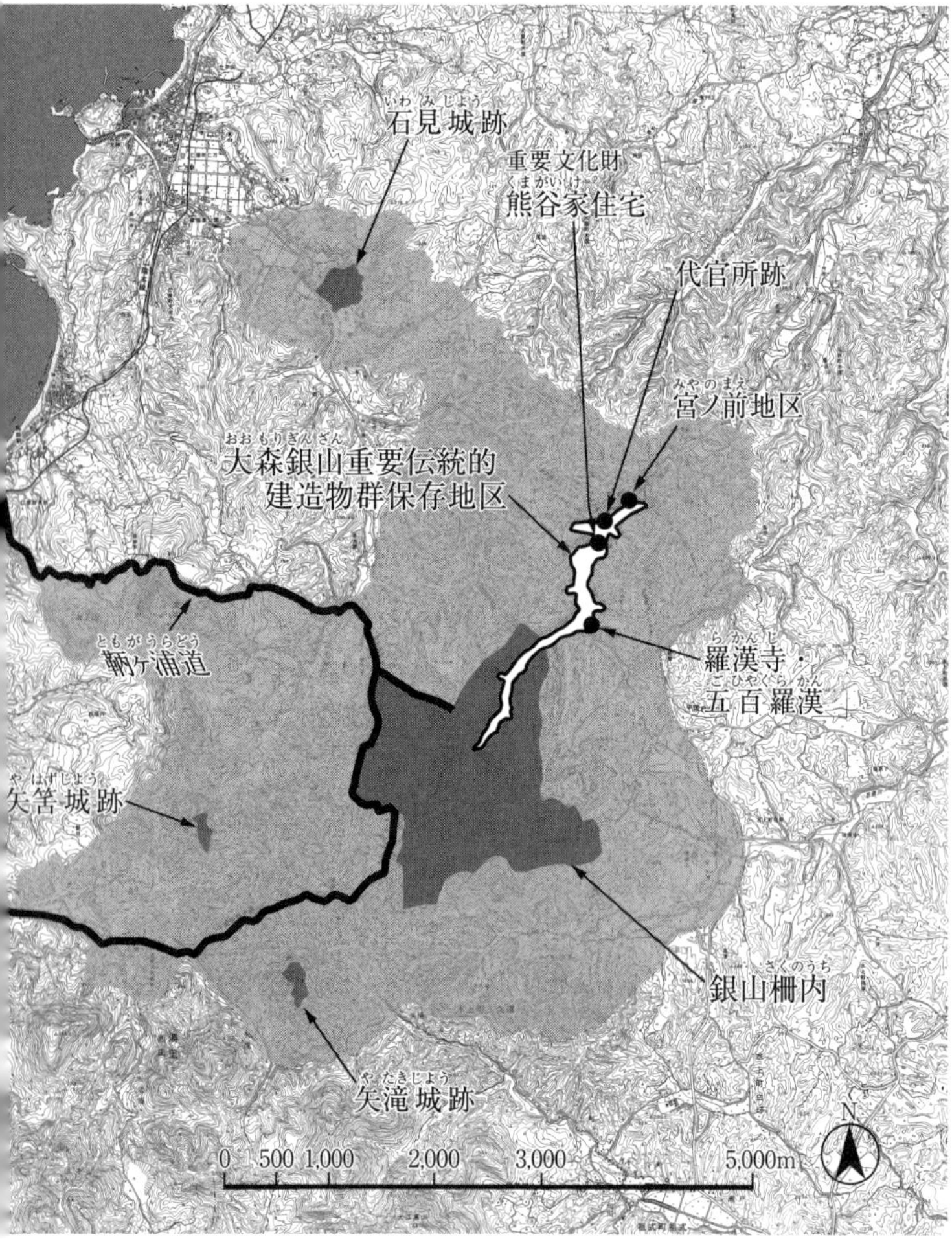

図1　世界遺産石見銀山遺跡図

も大森地区には武家・商家の旧宅や寺社などが混在し、当時の鉱山町の面影を残す。しかし本書では、主として江戸時代以前の時期を扱うので、以下「石見銀山」で通すことにする。

それではまず、石見銀山の発見とその後の開発状況について、関係史料をもとに述べてみたい。

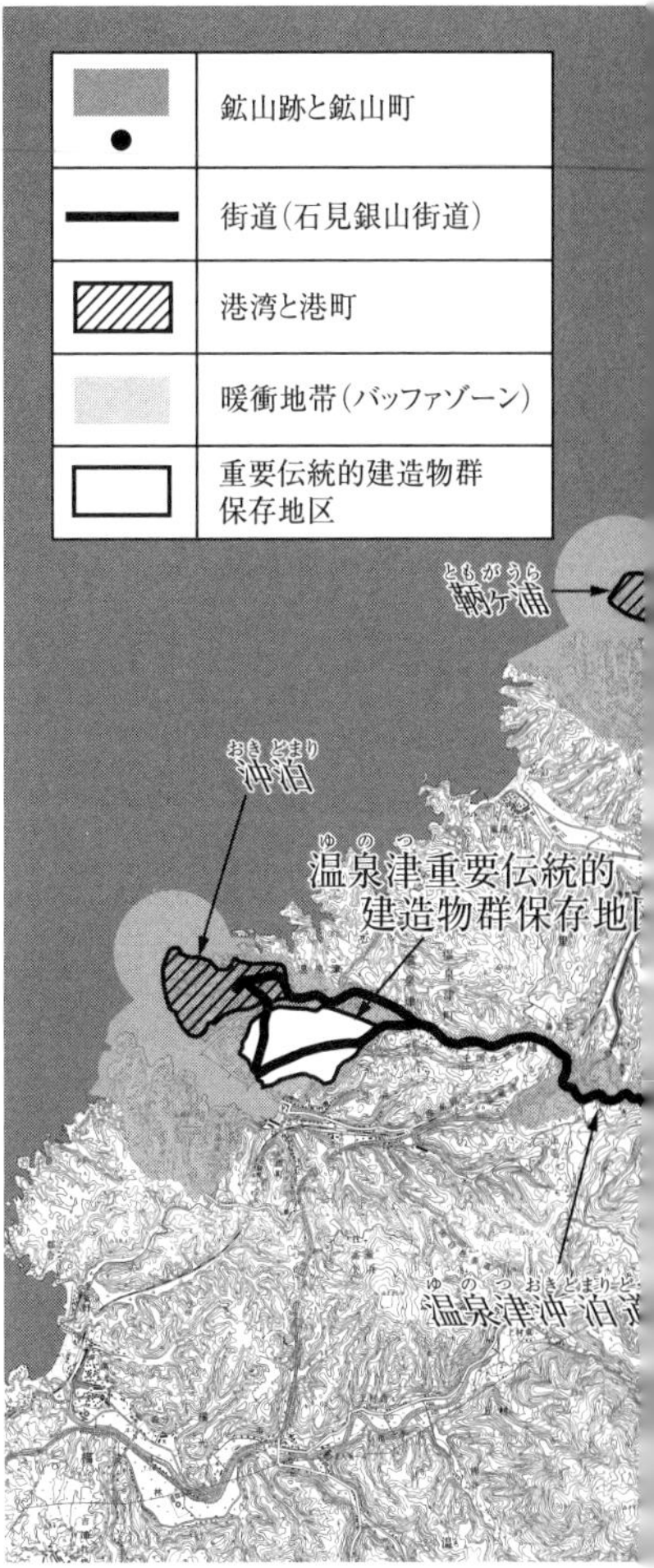

『銀山旧記』

石見銀山の由来について、従来は江戸時代に成立した『銀山旧記《ぎんざんきゅうき》』をもとに論じられてきた。その記述内容は、鎌倉時代後期の蒙古襲来に始まり、南北朝の動乱へと続くが、大内弘幸の倒幕活動や足利直冬《ただふゆ》の銀山押領など、石州銀峯山《ぎんぷせん》における銀の産出も含め、そのまま歴史事実とみなすことができないものが多い。

しかし、戦国時代以降になると記述内容も具体的であり、石見銀山の発見から、その後の開発状況を詳細に示すものとして、しばしば取り上げられてきた。その部分を、少々長くなるが次に示す。

大永《だいえい》中に大内之介義興《よしおき》当国を領する時、筑前の博多に神谷寿亭（神屋寿禎）といふもの有、雲州（出雲）へ行んとて、船にて石見の海を渡り、杳《はるか》に南山を望むに、赫然《かくぜん》たる光あり、寿亭船子に南山の赤く明なる光あるハ何故にやと問けれハ、船子答て申けるハ、是ハ石見の銀峯山なりと語り伝ふ、彼峯より昔銀を出セしが、今ハ絶へたり、唯観音の霊像のミありて此山を鎮護し、寺を清水寺《せいすいじ》と申、時々此応現あり、此山再ひ銀を出す奇瑞《きずい》なるか、今夕の霊光常の時より十倍す、量り知る貴公の信心観音大士に通しけるならんと、懇にこそ語りける、

寿亭大に悦び、帆を巻き纜《ともづな》を繫き、温泉津湊に入て夫より銀峯山に登り観音を拝し奉り、又船に乗て雲州の鷺浦《さぎうら》に入けり、彼浦に銅山有り、寿亭赤金《あかがね》を商売せんか為に、銅山主三島清右衛門ニ逢て清右衛門ハ雲州田儀の住人なり、石州銀峯山の霊光の事を物語けるに、三島

是を聞て申けるハ、定て白銀ならんか、弐百年前周防の国主大内之介弘幸、北辰の託宣に因て、大に銀を得たる事有り、今に至迄言伝ふ、いかにも疑へからす、願くハ彼峯に登りて、銀なりや否やを試ミ、又霊仏を拝せんとて、神谷、三島相供に大永六丙戌三月廿日、三人の穿通子《せんつうし》吉田与三右衛門、同藤左衛門、於紅《おべに》孫右衛門を引連て銀峯山の谷々ニて石を穿ち、地を掘て大に銀を採り、寿亭皆収め取り九州に帰りけり、是よりして石見国馬路《まじ》村の灘、古柳《こりゅう》・鞆《とも》岩の浦へ売船多く来り、銀の鏈《くさり》を買取て、寿亭が家大に富ミ、従類広く栄へけり、銀山へも又諸国より人多く集りて、花の都の如くなり、（中略）

天文二年大内復銀山を取返して、吉田若狭守、飯田石見守両人に仰せて、銀山を守護しけり、此年寿亭博多より宗丹《そうたん》、桂寿と云ものを伴ひ来り、八月五日相談し鏈銀と石と相雑ものを鏈と云を吹熔し、銀を成す事を仕出せり、これ銀山銀吹の始り也、

概要を述べると、以下のようになる。

大内義興が石見国（実際は同国邇摩《にま》郡）を領有していた大永《だいえい》年間（一五二〇年代）、筑前博多の神屋寿禎《かみやじゅてい》が出雲国に行くため石見沖を航行中、はるか南方に赤く輝く光を見つけた。寿禎が船頭に尋ねたところ、それは石見の銀峯山だと答えた。あの峯からは昔銀が出たも

のの、今は途絶えている。しかし、いま輝いている様子からすると、新たに銀が出る吉兆《きっちょう》かもしれないと答えた。それを聞いた神屋寿禎は大いに喜び、温泉津に入港し、銀峯山に登って観音菩薩を拝み、さらに出雲鷺浦《さぎうら》近くの銅山主である三島清右衛門を訪ねて石見銀峯山の霊光について話した。すると、二〇〇年前に周防の国主大内弘幸が北辰《ほくしん》（北極星）の託宣により大量の銀を得たことを彼が語ったので、神屋寿禎は三島清右衛門とともに大永六年（一五二六）三月に採掘人である吉田与三右衛門・同藤左衛門・於紅《おべに》孫右衛門の三人を連れてきて開発にあたらせた。そして銀峯山の銀鉱石を掘り、寿禎がすべて取り集めて九州に帰った。これ以降、馬路《まじ》村の灘、古柳《こりゅう》・鞆《とも》岩の浦に多くの商船がやってきて銀鉱石を買い取ったため、寿禎の家は大いに栄え、銀山にも諸国から多くの人が集まり、あたかも花の都のようになったという。

すなわち、大永年間に博多の商人である神屋寿禎が、出雲に向かって石見沖を航行中、南方に光る山を発見、大永六年（一五二六）に出雲鷺浦銅山主の三島清右衛門と共に入山し、開発にあたったと、これまで一般に理解されてきた。

通説の再検討

実は近年、この『銀山旧記』の記述内容について再検討がおこなわれている。小林准士氏は、『銀山旧記』とその関連史料を丹念に分析し、『銀山旧記』の成立過程や、『銀山旧記』よりも古い史料の存在について具体的に明らかにした（『石見銀山史料解題　銀山旧記』）。

そして、文禄五年（一五九六）の年紀を持つ「おべに孫右衛門縁起《えんぎ》」と、それに内容が近い「石州仁万郡佐摩村銀山之初」が十六世紀段階の歴史的事実を示すものと評価する一方、前者にみえる「大永六年丁亥《ひのとい》」（正確には丙戌《ひのえいぬ》）という表記については、清水寺《せいすいじ》所蔵の寛永二年（一六二五）の本堂再建棟札《むなふだ》に「大永七丁亥年」とある点に注目し、「石州仁万郡佐摩村銀山之初」に見える「大永七」（一五二七）の年紀が「丁亥」の干支《えと》と合致することから、鉱山への入山・開発年としてほぼ通説化している「大永六年」が実は伝写《でんしゃ》の過程で生じた誤りであり、本来は「大永七年」であった可能性が高いと述べた。

その分析内容には説得力があり、妥当な見解と思われる。そしてこのことは、単に銀山への入山・開発年にとどまらず、「神屋寿禎の発見」という点についても、再検討の必要が生じることになった。

すなわち、「おべに孫右衛門縁起」と「石州仁万郡佐摩村銀山之初」はいずれも、銀山発見の経緯（もちろん神屋寿禎の関与）について一切触れず、出雲田儀《たぎ》（石見との国境）出身の三島清右衛門が同国鷺銅山から吉田与三右衛門・同藤左衛門・おべに孫右衛門の三名の「大工」を連れてきたことで石見銀山の開発が始まったことを記すにとどまっている。
そして神屋寿禎については、それぞれ次のように記している。

　彼銀山へ正主に成る者、田儀三島清右衛門殿、博多飯《（神）》屋寿貞の代官小田藤左衛門と申者、両人と《（に）》して、米銭を入れ申し、銀を買い申し候、

（「おべに孫右衛門縁起」）

　銀山庄《（正）》主ハ三嶋清右衛門、博多之紙《（神）》屋寿貞之代官小田藤右《（左）》衛門、右両人銀山江米銭を入、初鉛を買也、

（「石州仁万郡佐摩村銀山之初」）

すなわち、いずれも三島清右衛門と、神屋寿禎の「代官」小田藤左《（右）》衛門が米銭を銀山に入れて銀（鉱石）を購入したことを述べている。つまり、神屋は三島と同様、銀山に権益を持ち、現地に「代官」小田氏を置いているものの、銀山の発見者とは記されていない。
以上をふまえると、三島とともに銀山に権益を有し、現地に「代官」を派遣して米・銭で銀（鉱石）を買い付けた博多商人神屋寿禎が、いつの頃からか「石見銀山の発見者」と見なされるようになり、それを前提とする銀山発見の経緯が半ば伝説化し、やがて定着したものと思われる。

したがって、三島清右衛門と鷺浦銅山の関係や、博多商人神屋寿禎と石見銀山の関係については、改めて検討する必要が生じてきたといえる。

博多商人と出雲地方

ただ、神屋寿禎自身の行動はともかくとして、石見銀山の発見・開発の背景にある博多商人と出雲地方の結びつきについては否定できない。たとえば、鷺浦付近には鉄の積み出し港として有名な宇龍《うりゅう》がある。当時、明・朝鮮や琉球と貿易をおこなっていた博多商人にとって、明（皇帝）への朝貢《ちょうこう》品、あるいは朝鮮・琉球との交易品として、銅や鉄はぜひとも確保しなければならない貴重な品々であり、出雲地方はその供給地として重要であった。

先に、神屋寿禎の「代官」小田藤左（右）衛門が石見銀山に派遣されていたことを述べたが、彼が天文十六年（一五四七）出発の遣明船の「一号船頭」として明に渡海し、寧波で亡くなった博多津の小田藤左衛門尉（「大明譜」「策彦和尚再渡集」）その人であったならば、遣明船の派遣と石見銀山の開発は直接関係を持っていたことになる。

いずれにせよ、貿易を推し進めようとする博多商人と、そのために必要な輸出品を産出する出雲地方とは早くから結びついていたのであり、こうした博多商人の日本海沿岸における広域的な経済活動が石見銀山の発見・開発につながったといえる。

そして、日本海に面した筑前や長門を領国内に含むとともに、銀山のある石見邇摩《にま》郡を直接支配下に置き、明や朝鮮、さらには琉球と貿易をおこなう大内氏が、博多商人の広域に及ぶ経済活動を保護していたことも十分に想定される。

灰吹法の伝来

さて、石見銀山の開発は始まったものの、現地ですぐに銀生産が開始されたわけではない。銀鉱石の中に微量に含まれる銀を取り出す銀製錬《せいれん》の技術は、明・朝鮮から日本になかなか到達せず、当初は石見銀山で採掘・搬出された銀鉱石そのものが九州博多、あるいは朝鮮半島まで運ばれて銀の製錬がおこなわれていたと思われる。

そして銀の製錬技術である灰吹法《はいふきほう》は、明から朝鮮を経て日本に伝わったと思われるが、朝鮮から日本に伝わる過程について示してくれる幾つかの史料がある。

たとえば、『朝鮮王朝実録』（中宗二十三年〈一五二八〉正月壬子）の記述によると、漢城《ハンソン》（ソウル）の黄允光の家で、朴継孫らが倭の「鉛鉄」を利用して秘かに銀をつくったとして摘発されている。この「鉛鉄」は、含銀鉛鉱（銀を含む鉛鉱石）と思われ、日本の含銀鉛鉱が筑前博多を経て朝鮮の都まで運ばれ、秘かに銀が生産されていた様子がうかがえる。

また、『朝鮮王朝実録』（中宗三十四年八月甲戌）には、全羅道全州の地方役人である柳

図２　吹方（素吹）の図（『大森銀山図解』より）

図３　灰吹の図（同上より）

緒宗がかつて「倭」と通じ、「鉛」を大量に買って自宅で秘かに製錬して銀をつくったほか、「倭人」にその技術を教えて罪に問われた記事がある。このことから、銀の製錬技術が朝鮮人から日本人に伝えられた状況がわかる。したがって、対馬・壱岐を介して朝鮮半島と密接な関係にあった筑前博多には、銀製錬の技術が日本国内でいち早く伝えられたと思われる。

さて、『銀山旧記』によれば、天文二年（一五三三）に神屋寿禎が博多から宗丹・桂寿（慶寿）という二人の技術者を連れて来たことで、石見銀山の現地で製錬が可能になり、以後銀の増産が進んだとされる。

これについて「おべに孫右衛門縁起」や「石州仁万郡佐摩村銀山之初」では、それぞれ「白銀吹初め候事、天文二年八月十五日、九州博多より慶寿と申す禅門参られ吹き申し候」「天文二年癸巳八月五日（十五）博多の慶寿と申す禅門銀山ニて銀を吹き始メ申し候」と、いずれも「慶寿と申す禅門」が同年八月に博多から来て銀の製錬を始めたことを記すものの、そこに「宗丹」の名は見あたらない。しかも、博多から到来した慶寿が灰吹法を現地に導入したのは確かだが、慶寿を連れてきた人物が神屋寿禎かどうかについては断定できない。このうち「宗丹」については、すでに指摘されているように、豊臣政権期に博多の豪商として著名であった神屋宗湛《かみやそうたん》の名が、江戸時代に加筆された結果と思われる（秋田洋一郎「十六世紀石見銀山と灰吹法伝達者慶寿禅門―日朝通交の人的ネットワークに関する一試論―」）。

そもそも銀の生産は、銀山で採掘した銀鉱石を細かく砕いたのち水の中に入れて重さで選び分ける「比重選鉱法《ひじゅうせんこうほう》」により銀が多く含まれた粒子を集める採鉱工程と、加熱して鉛を加え銀と鉛の化合物である「貴鉛《きえん》」を造り（素吹《すぶき》）、それをさらに加熱して酸素を送り込んで灰をためた容器に流し込み、酸化鉛を灰の底に染み込ませて灰上に残った銀を取り出す（灰吹《はいふき》）製錬工程に分かれ、特に後者の、金属の化学反応を利用して銀を生産する技術（素吹・灰吹）を「灰吹法」と呼んだ。

そして、銀の製錬技術である灰吹法が一五三〇年代初めに現地に導入され、採鉱と製錬を連続的に実施することで効率よく銀の生産ができるようになった。そして、銀の大量生産が可能になったことで、国内の流通経済はもとより、東アジアの貿易構造を大きく変えることになった。

しかも、こうした鉱山技術の各地への伝播《でんぱ》は速く、『生野《いくの》銀山旧記』によれば天文十一年八月上旬に、城山の南表で「銀石」を初めて掘り出し、石見から「金掘・下財《げざい》・金吹」（各種鉱山労働者）が但馬《たじま》生野銀山に到来して間歩《まぶ》（坑道）を開いたとある。おそらく比較的早く開発された他の鉱山にも、石見銀山から採鉱・製錬の技術がもたらされたものと思われる。

銀山開発と商業勢力

採掘・製錬による銀生産が進む石見銀山では、鉱山（仙《せん》の山、標高五三七メートル）およびその付近に鉱山都市としての銀山町が形成される。種々の史料によれば、そこに京都・堺など畿内商人のほか、南九州、そして備中など瀬戸内海方面から多数の商人が到来・居住しており、鉱山の経営（採掘・製錬）や住人相手の商売に従事していた。

重要なのは、領域支配者である大名や国人《こくじん》領主らは、一定量の運上《うんじょう》を納めさせることで彼らの鉱山経営を認めており、運上分を除く生産銀は彼らの手元に留保され、彼らや現地居住の商人を通して国内各地（出身地や経済拠点）に流れていったことである。その場合、銀の流れとしては、外国船が直接来航する貿易港や、外国産品が頻繁に取引される経済拠点にまず向かったと思われる。

こうして石見銀山で銀の生産が始まったのち、「倭銀」（日本銀）は国際通貨として東アジア海域各地の通商の場で、広く取り交わされることになった。しかし、銀の通貨としての流通は、当時の日本国内ではまだみられず、国内通貨として流通するより前に、貿易通

図４　石見銀山（中央が仙の山，石見銀山世界遺産センター提供）

貨として大量の海外流出がみられた。すなわち、銀の通貨としての利用には、国内外で時間差があった。

したがって、一五三〇～四〇年代には、国際通貨である銀の海外への大量流出が進む一方、日本国内には外国産品が大量に流入することになったのである。

日本銀の海外流出

自前で銀を生産することが可能になった日本では、しだいに銀を海外に積極的に持ち出して貿易をおこなう者が現れるようになる。

朝鮮への銀流入

実際、石見銀山の現地で銀生産が始まってまもなく、朝鮮に「倭銀」の大量流入が始まる。『朝鮮王朝実録』（中宗三十三年十月己巳）によると、一五三八年に「小二殿」（少弐氏）の使者と名乗る人物が銀三七五斤を持ち込むなど、その後しばしば「倭人」によって銀が朝鮮国内に持ち込まれ、朝鮮政府がその対応に苦慮している。

すなわち、持ち込まれた銀に対して朝鮮政府が支給する木綿布は、当時朝鮮国内で通貨として扱われており、公貿易の形で対応すれば国庫の綿布が大量に失われ、国家財政が深刻な打撃をこうむる恐れがあった。とはいえ、いったん私貿易を認めれば、朝鮮国内の市場に銀が大量に流入し、銀の採掘や流通を極力抑えることで朝鮮国内に銀は産出しないという名目のもと、明への貢銀制度の復活を回避してきた長年の努力が無駄になるため、政府としてはあくまで公貿易で対処しようとした（村井章介「日本銀と倭人ネットワーク」）。

しかし、実は政府自身も知っていたことであるが、朝鮮国内の役人や商人が日本人と関係を持つことで、銀の製錬技術である「灰吹法」が日本に伝わり、日本で生産された銀が朝鮮に流入し、さらには明への流入も進んでいたのであり、もはや法令の罰則強化では対処できないほどに事態は深刻化していた。

日本国王使「安心」

そしてついに一五四二年には、「安心」と名乗る僧が「日本国王使」として朝鮮王朝に八万両もの銀を持ち込み、綿布との交易を求める事件が起こった（『朝鮮王朝実録』中宗三十七年四月庚午）。彼は、対馬府中西山寺の僧とあるものの、単なる対馬島主宗氏《そうし》の使節ではなかった。

実はこの頃の「日本国王使」は、対馬で仕立てられた偽《にせ》の日本国王使で、その多くが博多聖福寺《しょうふくじ》に関係する禅僧であったことが知られている（橋本雄『中世日本の国際関係―東アジア通交圏と偽使問題―』）。そして、偽日本国王使として四度にわたって朝鮮に渡海した

「安心」も、実は聖福寺の僧、特に「幻住派」（げんじゅうは）という流派の一人であった。この点についても、博多聖福寺をめぐる「幻住派」の僧や有力商人が、大内氏が明や朝鮮、あるいは琉球と対外交渉を展開する上で重要な働きをする一群であり、対馬宗氏もこれら「幻住派」の人脈を対朝鮮通交に利用していたことが明らかにされている（伊藤幸司「大内氏の対外交流と筑前博多聖福寺」）。

すなわち、大内氏が天文八年（一五三九）に派遣した遣明使節の正使は聖福寺「幻住派」僧の湖心碩鼎《こしんせきてい》であり、「安心」はその後を継ぐ聖福寺「幻住派」僧であった。また、この遣明船派遣には博多商人が深く関わっているが、一号船の船頭神屋主計運安をはじめ、神屋一族の名が多く見受けられる。しかもこの神屋氏は、代々「幻住派」僧との関係も深く、この遣明船に乗り込んだのが聖福寺龍華庵主の三正統公上司であり、しかもその「老親」が、石見銀山を発見・開発したとの伝承を持つ神屋寿禎であった（伊藤幸司「同右」）。

したがって、「安心」が朝鮮に持ち込んだ大量の銀も、石見銀山の発見・開発に博多商人が深く関わっている点からみて、多くが石見銀山の産出銀と考えられ、しかも遣使の目的は、対馬宗氏が聖福寺の「幻住派」僧を日本国王使の代表に仕立て、多数の博多商人も参加した対朝鮮貿易であり、その背後には大名大内氏（義隆）の存在もうかがえる。

また、博多商人の石見銀山開発の背後にも、銀山のある石見国邇摩郡を支配下に置き、明や朝鮮との貿易を積極的に進めていた大内氏の存在があったとみてよかろう。ともかく、銀を通貨とする対朝鮮貿易によって、朝鮮からは大量の綿布が日本に流入し、船舶の帆や衣料素材として活用されるなど、戦国時代の日本社会に多大な影響を及ぼすことになった。

明への銀流入

十五世紀末から十六世紀初めの日本では、室町幕府の国内支配が弱まる一方、広域支配を展開する政治権力、いわゆる戦国大名が国内各地で台頭してきた。また、明応《めいおう》の政変（明応二年、一四九三年）による将軍権力の分裂（足利義稙《よしたね》と足利義澄《よしずみ》）は、明との外交・貿易の許可証に当たる「勘合《かんごう》」の分散化をもたらし、幕府将軍は求心力を維持するために畿内の細川氏や、西国の大内氏や大友氏など、各地の大名に「勘合」を分け与えた（橋本雄『中世日本の国際関係―東アジア通交圏と偽使問題―』）。それは、対明外交の主役がもはや幕府将軍ではなく、地方の大名権力に移りつつあった（外交権の分裂）ことを示すものである。

そして十六世紀初めから大内氏と細川氏は、遣明船の派遣をめぐって激しく争い、大永三年（一五二三）の第十七次派遣の際、ついに明入国の玄関である寧波《ニンポー》で武力衝突（寧波の乱）を起こし、明側にも死傷者を含む深刻な被害を与えたため、日明交流がしばらく途

図５　策彦周良画像（天竜寺妙智院所蔵）

絶える。その後、明との関係が修復されてからは、第十八次と第十九次の二度にわたり、大内氏が遣明船派遣を独占することになる。

『策彦《さくげん》入明記』の「策彦和尚初渡集」は、天文八年（一五三九）出発の第十八次遣明船の副使として明に渡った天龍寺妙智院の禅僧策彦周良《さくげんしゅうりょう》の渡航日記であるが、それが日明貿易（朝貢貿易）で初めて銀を使用した事例を記録した文献と思われる。大内氏が主催したこの遣明船派遣では、博多商人や堺商人が多数参加しているが、彼らは入港した寧波や、そこから北京までの往復路（蘇州・揚州・常州など）、そして帰国前の寧波において銀を使用し、様々な唐物《からもの》（中国産品）を入手している。

もちろんこれら銀の中には、入国後に明政府から支給された銀（稟銀《りんぎん》）も含まれていたと思われるが、一方で日本から持ち込んだ銀もあったはずで、渡航年代からすると、それが石見銀山の産出銀であった可能性は高い。

相良氏の貿易活動と鉱山開発

さて、石見銀山における採掘・製錬技術の他地域への伝播は速く、日本各地で銀鉱山を開発して銀の生産を試みる動きがみられるようになる。その点について、肥後の領主相良《さがら》氏の事例で述べてみたい。

田中健夫氏は相良氏の海外活動として、琉球貿易のほかに渡唐船を派遣した事例を『八代《やつしろ》日記』を用いて述べている（田中健夫「不知火海の渡唐船―戦国期相良氏の海外交渉と倭寇―」）。それによると、相良晴広《はるひろ》は天文七年（一五三八）に「市木《いちき》丸」と呼ばれる船を建造し、翌年それが「出船」しているが、これは後の同名船舶の活動内容から、渡唐船であったと思われる。また、同十三・十四年には薩摩阿久根《あくね》・肥後天草大矢野での「唐舟」発着の記事が見られるが、同じ頃（十四年）、幕府が大内氏を「御船渡唐奉行」に任命する一方、大内氏が行き帰りの警護を相良氏に命じている（『相良家文書』四一五・四一三）。

したがって相良氏は、幕府派遣（実質は大内氏主催）の遣明船警護に従事しながら、自身も渡唐船を派遣して（あるいは外国船を迎えて）貿易を進めていたことがわかる。いうまでもなく、この活動は、明皇帝に朝貢するような正式の勘合貿易ではなかろう。

さて、同じ時期の天文十四年十二月、相良氏のもとに叙位《じょい》任官の「勅使《ちょくし》」として官務《かんむ》家《け》の小槻伊治《おづきこれはる》が下向するが、彼は相良領内で産出した「クサリ」（銀鉱石）の鑑定に関与している。すなわち、相良氏（義滋《よししげ》）に宛てた小槻伊治書状によれば、「銀子の事、御隠密たるべく候、山口において、案内者これをあい見、然るべく候由申候は、石州銀子山に至りこれを申し付け、不日下し申すべく候、幸い奥山被官人銀山大工預け置くところに候、御知行ノ分クサリこれ有るにおいては、天下無双の奇妙に候、此の事伊治馳走申し候共、御隠密たるべく候、銅ニモ成り候共、御重宝たるべく候」（『相良家文書』三九五）とあり、相良氏領内で掘り出された「クサリ」を小槻伊治が密かに大内氏の本拠である周防山口で鑑定させ、良いものであれば石見銀山に知らせて人を派遣させるとあり、とりあえず「奥山被官人」（詳細は不明）に「銀山大工」を預けたことを伝えるとともに、たとえその鉱石が銀ではなく銅であったとしても重宝だと自身の見解を述べている。

そして翌十五年には、石見銀山の「大工」（この場合、鉱山技術者）と思われる「洞雲」なる人物が、肥後宮原の銀鉱石を鑑定している。すなわち、相良義滋から嫡子晴広に宛てた七月十二日付けの書状に、次のようにみえている。

（前略）銀石の事、大工洞雲へ見せられ候、但州石にも勝れ候の由申し候か、満足此事に候、（中略）天文十五年丙午七月六日宮原において銀石現出の旨、記録の儀、油断あるべからず候、彼一通の事、後日のための条、然々納め置かれ候て肝要に候、（後略）

（『相良家文書』四一七）

つまり、銀鉱石を「大工洞雲」に鑑定させたところ、但馬生野銀山の鉱石よりも勝れているとの評価を得たようで、それに満足し、天文十五年丙午《ひのえうま》七月六日に宮原で銀鉱石が産出したことを記録させている。しかも、これに関係する記述として『八代日記』同年七月一日条に「あらいきり（洗切）にて桐（洞）雲始めて銀吹き候」、また十八日条に「求麻《くま》にて桐（洞）雲銀廿五文（匁）め吹き出し候」と、「桐（洞）雲」が肥後各地で銀の製錬をおこなっている。

したがって、相良氏は自領内での銀山開発をめざし、採掘した鉱石を大名大内氏と親密な間柄である小槻氏を通して石見銀山の「大工」に鑑定させるとともに、実際に「大工」を招いて銀鉱石の採掘と銀の製錬をおこなったことが明らかになった。

このように、九州中部の大名相良氏が、自領内の鉱山開発に積極的であったことがわかるが、これは貿易の元手となる銀の獲得をめざしていたためと思われる。相良氏領内で産出した銀鉱石の鑑定を、大内・相良両氏の領国を往来する公家が仲介したこと自体興味深いが、加えて石見銀山の技術者を招致《しょうち》しての銀山開発、そして「渡唐船」派遣という点に、当時の九州大名の海外貿易に対する積極的な姿勢をうかがうことができる。また、「大工洞雲」が生野銀山の鉱石を知っていたことについては、何らかの方法で生野の銀鉱石を入手していたと考えられる一方、彼が生野銀山の開発・採掘に何らかの形で関与していた可能性もある。

いずれにせよ、肥後相良氏は貿易に必要な銀を獲得するために、石見銀山の技術者を招致するなど、領内において積極的な鉱山開発をおこなっていたのである。

中国商人・ヨーロッパ人の日本進出

中国商人の日本進出

銀を産出する日本側の積極的な海外進出に対し、外国側の日本進出も同じ頃に確認できる。

たとえば、明の鄭舜功《ていしゅんこう》が著した日本に関する研究書である『日本一鑑《にほんいっかん》』（「窮河話海」巻之六「海市」）によれば、早くも嘉靖十三年（天文三、一五三四）頃、日本僧から貿易で大きな利益が得られることを聞いて福建人の日本渡航が盛んになったこと、そして『朝鮮王朝実録』（中宗三十九年六月壬辰条）でも、天文十三年（一五四四）頃、福建人が銀で貿易をおこなうため日本に向けて渡航していたことがわかる。

こうした点を考え合わせると、福建商人が日本に渡航する頻度が高まったのは確かに十六世紀後半だが、福建商人の活発な日本進出は、石見銀山で銀が増産され始めた頃からすでにその兆《きざ》しがあったといえる。実際、日本側の史料でも、天文八年の周防来着に始まり、豊後神宮寺浦・肥前平戸・大隅種子島《たねがしま》・薩摩阿久根《あくね》・肥後天草・豊後佐伯浦・伊勢など各地において、一五四〇年代までに中国船の来航が確認できる。たとえば、『八代日記』によれば、天文十三年七月二十七日条に「阿久根ニ唐舟着候」、翌十四年七月十六日条に「天草大矢野ニ唐舟着候」とあり、薩摩阿久根や肥後天草に中国船が来着したことがみえている。

これらはおそらく、石見銀をはじめとする日本国内の産出銀が、海外から多くの人々を引き寄せた結果と思われる。

後期倭寇王直

皇帝の使節以外の自国民の海外渡航を禁じた明の海禁《かいきん》政策のもと、海外での交易活動を禁じられた中国商人と、環シナ海域（東シナ海・南シナ海およびその周辺地域）で活動する様々な民族の人が結びつき、密貿易集団として活発に行動した。

鄭舜功の『日本一鑑』にみえる、十六世紀半ばの環シナ海域での密貿易関係記事によると、王直《おうちょく》に代表される中国海商に日本人や東南アジアの人、そしてポルトガル人などが複雑に結びつきあい、活発な商取引をおこなっていた様子がうかがえる。

また、鄭若曽《ていじやくそう》の『籌海図編《ちゆうかいずへん》』（巻九　擒獲王直）によれば、安徽《あんき》歙県《しようけん》生まれの王直が一五四〇年に広東に行き、巨船を建造して禁制品を積み、日本や東南アジアの国々を往来して富を築いたとあり、また『日本一鑑』（「窮河話海」巻之六「海市」）によれば、王直が嘉靖二十四年（天文十四、一五四五）に日本の博多に行き、「倭人助才門（助左衛門）」ら三人を伴って浙江双嶼《そうしよ》で交易している。

すなわち王直は、明の海禁政策のもと、中国・日本・東南アジアを結ぶ貿易商人として硝石《しようせき》・硫黄《いおう》・生糸・綿などの商品を交易して富を築いたのであり、『明実録』にも「倭奴」や「倭夷」と称された倭寇構成員が、中国海商と結託して浙江・福建・広東といった中国東南部沿岸に頻繁に姿をみせていたことが記されている。彼らは、浙江・福建の沿岸島嶼部《とうしよぶ》を主な根拠地とし、中央政府の元官僚で引退後に故郷で地方官をしのぐ権勢を誇った郷紳《きようしん》と結託し、盛んに密貿易をおこなっていた。

それに対し、清廉《せいれん》で剛直な性格を皇帝世宗に見込まれて浙江巡撫《せつこうじゆんぶ》兼福建軍務提督に抜《ばつ》擢《てき》された朱紈《しゆがん》が、郷紳に妥協せず、強い姿勢で海禁の厳守と密貿易者の取締りをおこない、嘉靖二十七年には当時最大の密貿易拠点であった舟山列島《しゆうざんれつとう》の双嶼に軍勢を派遣して、そ

れを陥落させる。

この突然の攻撃により密貿易者の多くは捕らえられたが、王直らは逃走に成功、また過激化した集団は中国南部沿岸で激しい略奪活動をおこなった。これが「嘉靖大倭寇《かせいだいわこう》」と呼ばれるもので、一五五〇年代がその最盛期であった。

このうち、王直のもとに結集した一群は烈港《れっこう》を新たな活動拠点としたが、嘉靖三十二年に再び明軍の攻撃を受けると、王直はついに中国沿岸部を離れ、日本の五島列島福江や平戸を新たな拠点とし、九州肥前の松浦隆信《まつらたかのぶ》など日本の戦国大名と緊密な関係を結ぶようになる。明政府にとっては国策である海禁を破った犯罪者でも、日本では「五峰《（峯）》先生」と呼ばれ、高価な外国産品をもたらす歓迎すべき存在であった。

先述したように、石見銀山で銀生産が始まってまもない一五四〇年代には、朝鮮王朝に向けて銀の大量流出が始まったが、この日本銀の流れは、ほどなく明と

図6　明軍と戦う倭寇（『倭寇図巻』より，東京大学史料編纂所所蔵）

の間にも生まれ、東シナ海を横断する直航ルートが成立した。当時、明では、税の銀納化に伴い銀需要が高まっており、国内での銀採掘が低迷していたこともあって、海外の銀に対する期待が膨《ふく》らんでいた。

朝鮮の国内市場に「倭銀」が充満した一五四〇年代初めから銀の明への流入はすでに始まりつつあったが、その後一五五〇年代には浙江・福建・広東を出身地とする中国海商が銀を目当てに日本各地に押し寄せる。当時、朝鮮王朝によって「荒唐船」と呼ばれたものの多くは、日本をめざしながら朝鮮に漂着した、中国南部沿岸を出港地とする船（ジャンク）であった。

この乗組員には、当初中国人が多数を占めたが、しだいに中国海商に刺激されて行動を共にする日本人が含まれるなど、国籍や民族を越えた海上勢力の連合化が進む。そしてその後は、東シナ海から南シナ海にかけての広い海域を舞台に、当時「仏郎機国夷人」と呼ばれたポルトガル商人も加わった、大規模な通商活動がおこなわれる。

それに対し、十五世紀に統一国家として誕生し、明の海禁政策のもと明に対する朝貢貿易を基軸に周辺諸国を結びつける中継貿易により繁栄を誇っていた琉球王国は、これら勢力の活動におされるように、交易の規模をしだいに狭めていった。

王直と大内義隆

したがって、銀を求めて日本に来航する後期倭寇と、従来から対外貿易に積極的であった大内氏（義隆）が接近したのは当然の成り行きであり、明軍の攻撃により双嶼を追われながらも、五島列島の福江や平戸を新たな拠点として密貿易をおこない、西国の大名らとも盛んに交流した倭寇の頭目王直と大内義隆の出会いもこうした背景のもとで生まれたものと思われる。

大内義隆は、遣明使節として派遣した策彦周良が入手できなかった中国禅の高僧である中峰明本《ちゅうほうみんぽん》の墨蹟を王直から贈られており、義隆はそれを改めて策彦周良に与えている。すなわち大内氏（義隆）は、明の冊封《さくほう》体制に沿った正式の対明外交を展開する一方、後期倭寇の頭目である王直とも親しく交流していた。

このように十六世紀半ばには、日本の戦国大名が明への朝貢制度のもとで対明外交をおこなう一方、すでに環シナ海域で広範に経済活動を展開し、後期倭寇として活動する中国海商らとも緊密な関係を築いていた。大内氏は、明や朝鮮と盛んに経済・文化交流を展開するなど、積極的な対外政策をおこなった西国大名であるが、貿易を進めていく上で博多や赤間関を重視しながらも、南九州・琉球を経て明に延《の》びるルートも強く意識していた。

鄭舜功と大友宗麟

さて、明の浙江総督である楊宣《ようせん》は嘉靖三十四年（弘治元、一五五五）に鄭舜功《ていしゅんこう》を日本に派遣した。鄭は広州を出発し、福州から琉球を経て日本の豊後、すなわち戦国大名大友氏の本国に到達する。『明実録』によれば、彼は倭寇禁圧の要請のため幕府に使者を派遣したほか、倭寇対策の一環として日本国内の情勢を探るため豊後に約二年滞在したのち帰国した。明政府は、豊後の大友氏が、王直らと結託して密貿易をおこなう日本人を取り締まることができる人物と理解していたらしい。なお、鄭の帰国に際して大友義鎮《よししげ》（のち宗麟《そうりん》）は、倭寇禁圧の要請に対する返書を使僧清《せい》授《じゅ》に持たせている。

さて、楊宣に代わって浙江総督となった胡宗憲《こそうけん》が、翌三十五年に陳可願《ちんかがん》と蔣洲《しょうしゅう》の二人を使者として日本に派遣した。彼らは、日本の五島でまず王直に会い、そののち陳可願は報告のため明に帰ったが、蔣洲の方は日本各地に倭寇禁制《きんぜい》を通達して豊後に滞在、周防山口にも使者を派遣した。

　当時山口には、主君である大内義隆を謀反《むほん》により自刃《じじん》させた陶晴賢《すえはるかた》が、大友義鎮の弟義長を新たな当主として豊後から迎えていた。義長は、倭寇に捕らわれて日本に連行されていた中国人を本国に送り返すとともに、「日本国王」印を用いて朝貢《ちょうこう》を試みた。また、兄の大友義鎮も蔣洲を本国まで護送するとともに使僧徳陽《とくよう》を派遣して朝貢を試み、新たな勘合の頒布《はんぷ》を求めた。しかし、『明実録』によれば、この大内義長と大友義鎮両者の朝貢は、勘合や国王名義の不備により認められなかったという（鹿毛敏夫「一五・一六世紀大友氏の対外交渉」）。

　一方、胡宗憲が使者を遣わして王直に知らせた内容は、それまでの罪を許し、海禁を緩和して交易活動を認め、帰国をうながすものであった。明政府の政策転換を聞いた王直は喜び、周防の大内義長や豊後の大友義鎮にも伝え、大友義鎮が建造した大型船に乗り込み、使僧善妙《ぜんみょう》ら四十余人を伴って出帆、翌三十六年十月に舟山島の岑港《しんこう》に到着した。しかし帰国した王直は、明政府によって捕らえられ（のち処刑）、彼に同行して入港した大友氏の船団までもが、明政府から海賊船団の一味として扱われた。『明実録』によれば、船団はその後、福建まで南下して商取引をおこなおうとしたらしい。

このように十六世紀半ば、戦国大名大友氏は、明の冊封体制下で朝貢制度に沿って対明外交を進めようとする一方、環シナ海域で広範な経済活動をおこなう王直ら中国海商と同様の、まさしく倭寇勢力の一員として行動した。

ヨーロッパ人のアジア進出

さて、十六世紀初め、大航海時代を迎えたポルトガルがアジア進出を本格化させる。すでに一四九八年にアフリカ大陸南端のいわゆる「喜望峰《きぼう》」に到達したポルトガルの冒険商人らは、一五一〇年にインドのゴア、そして翌十一年にマラッカを占領した。このマラッカは、それまで明に朝貢をおこない、しかも東南アジアの貿易センターとして発展を遂げていた地域である。

もともと、ポルトガルにとってアジア進出の目的は、モルッカ諸島を中心に栽培されている胡椒《こしょう》を中心とする香辛料《こうしんりょう》の獲得にあった。そしてそれは、東アジア各地の産物が集まり、商取引されているマラッカに到達することでほぼ達成された。しかもそこでは、ヨーロッパ商人にとって香辛料と同様に魅力的な品である中国産品が商品として交易されていた。そのため、ポルトガル商人はほどなく中国大陸をめざして北上することになる。

一五一七年、トメ・ピレスは当初ポルトガル国王の使者として広州に入港し、明朝に国交を求めた。さらに一五二〇年には、南京に巡行していた皇帝の朱厚照《しゅこうしょう》に謁見し、彼に従って北京に入った。しかし、不幸にもその朱厚照が亡くなり、新皇帝への謁見は許されず、むなしく広州に帰ったところで投獄されてしまう。しかも、明政府はポルトガル船を「仏郎機《フランキー》」と呼んで打ち払う行動に出たため、彼らは密貿易に転じて広州から月港、さらに舟山列島の双嶼などで活動するようになった。

一方、ポルトガルの隣国スペインは、一四九四年のトルデシラス条約（植民活動領域の東西分割）により、東に向かったポルトガルとは反対に、西に向かってアジアをめざしたが、一五二〇年にマゼラン一行が南アメリカ大陸南端の海峡（のちマゼラン海峡と呼ばれる）を通過し、そのまま太平洋を横断して翌一五二一年ついにフィリピンに到達した。そしてこれにより、南米とフィリピンを結ぶ定期航路が半世紀後に成立する基礎が築かれた。

このように十六世紀第一四半期に、ヨーロッパ諸国のうちでポルトガルとスペインが、地球の裏側に当たる東アジアに西・東両方向から到達したのであり、その海域で当時活発におこなわれていた商取引を目の当たりにすることになった。

ヨーロッパ人の日本進出

東アジアに進出したポルトガル商人は、やがて国際通貨である銀を産出していた日本に向かう。

天文十二年（一五四三）は、「鉄炮伝来」の年として知られている。すなわち、島津氏に仕えた薩摩大竜寺の禅僧南浦文之《なんぽぶんし》が慶長十一年（一六〇六）に記した「鉄炮記」によれば、天文十二年八月に百余人を乗せた大型船が大隅種子島《たねがしま》に到着し、「大明儒生五峯」が連れていたポルトガル人が島主種子島時尭《たねがしまときたか》の面前で鉄炮を放ち、気に入った時尭が鉄炮二挺を大金で買ったとされる。そして「大明儒生五峯」が王直のことであり、彼が中国人密貿易商として中国船のジャンクに乗ってポルトガル人を種子島に導いたことが、日本への「鉄炮伝来」をもたらしたとされる。

ただ近年は、ヨーロッパ側の史料も組み合わせることにより、一五四二年に王直の船に乗ってシャムから種子島に到着したポルトガル人が鉄炮を伝え、同じ船でシャムに帰ったのち、翌年再び王直の船で種子島に渡航して、島民に銃底をふさぐ鉄炮製造技術を伝授したとする説が新たに登場する一方、関係史料を再検討することにより改めて天文十二年説を主張する見解も登場するなど、「鉄炮伝来」年をめぐる論争はいまだに決着していない。

また、天文十八年には、イエズス会のフランシスコ・ザビエルが鹿児島に上陸した。彼は翌年・翌々年と、山口・京都・平戸・豊後府内を巡ってキリスト教の布教をおこなったが、これがすなわち「キリスト教伝来」である。その一方でザビエルは、堺がとても大きな港で、裕福な商人が多くいる都市であり、金・銀が満ちているとマラッカ長官に報告、

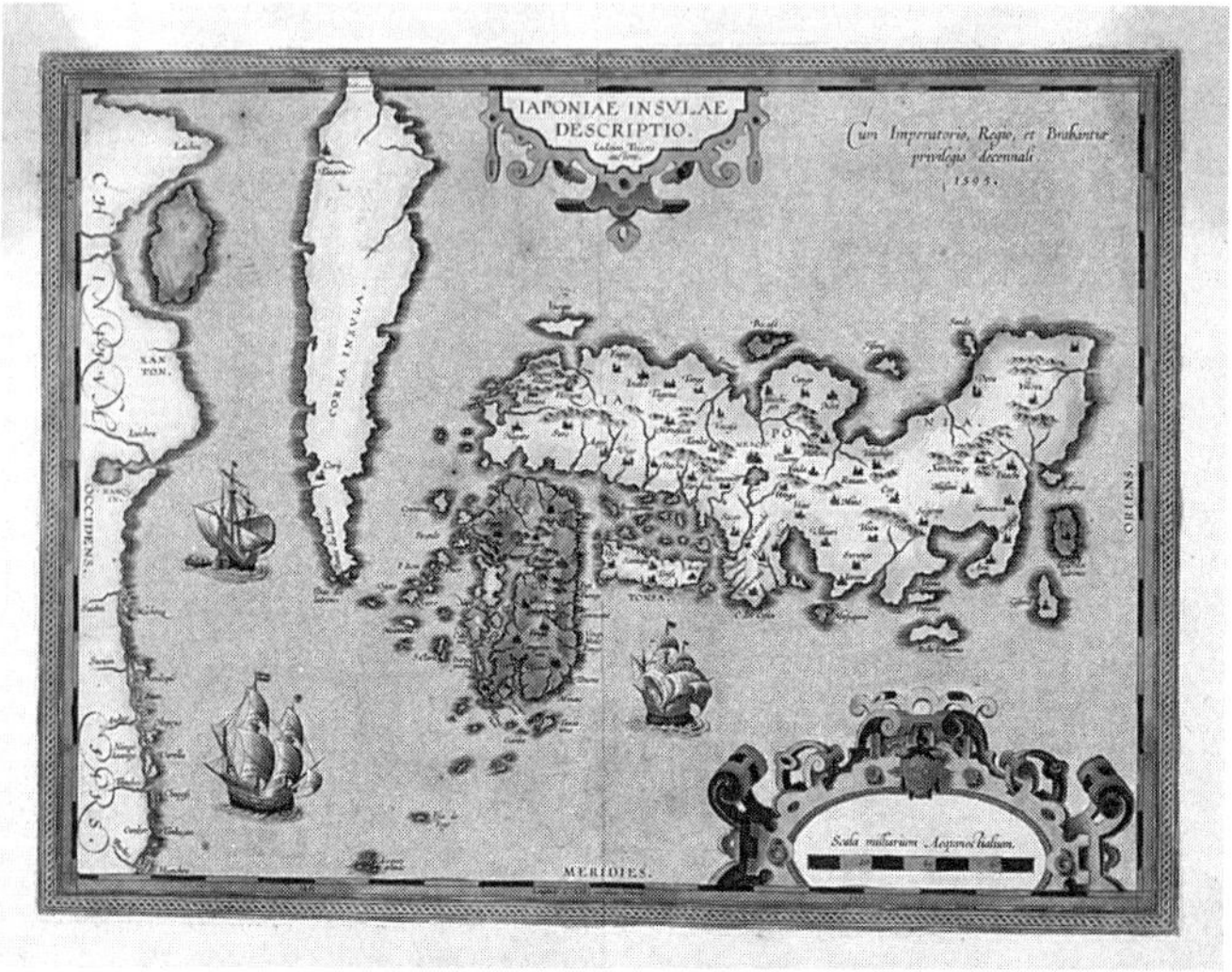

図７　ティセラ「日本図」（神戸市立博物館所蔵，
Photo : Kobe City Museum/DNPartcom）

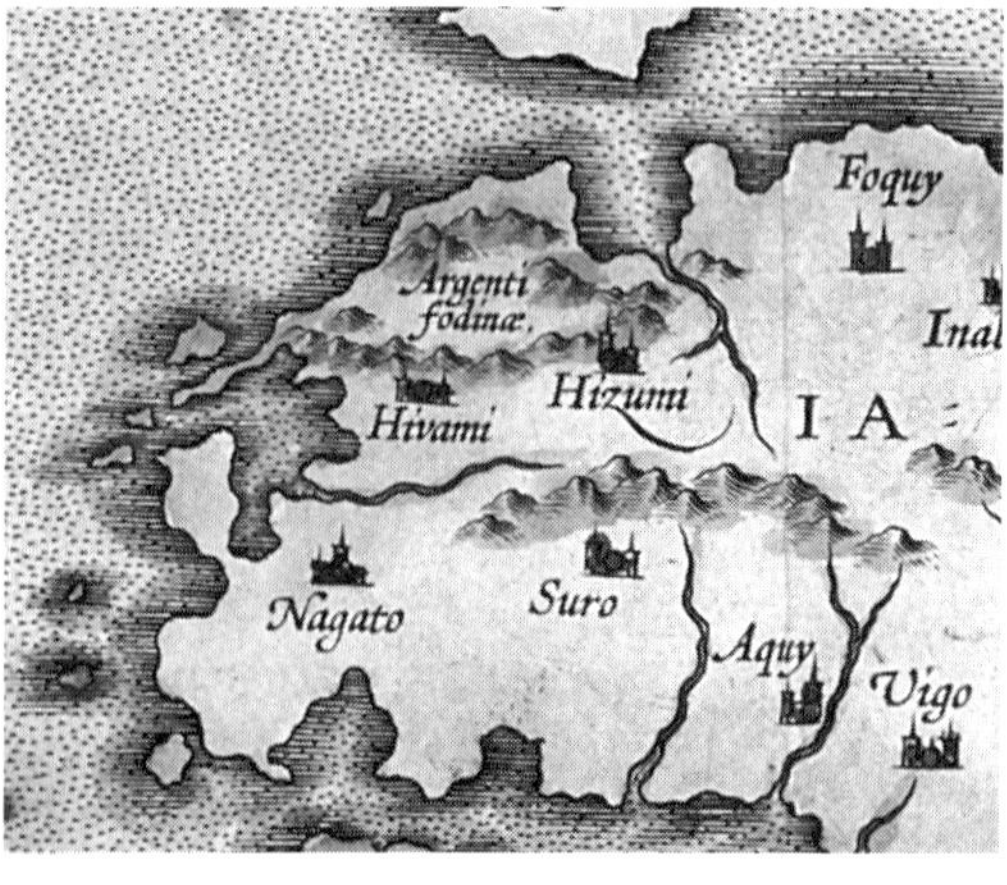

（同部分，「Argenti fodinae（銀鉱山）」「Hivami（石見）」の記載がある）

その際、日本で売れる商品の目録を添えた。このザビエルの第一報が契機となり、中国ジャンク（倭寇集団が乗船）以外のポルトガル船が日本をめざすことになり、これが南蛮貿易の本格的な開始とされる（岡美穂子『商人と宣教師 南蛮貿易の世界』）。その結果、石見銀山から博多経由で銀が九州北部沿岸（平戸・府内など）にもたらされ、交易が活発化し、海外への銀の大量流出が始まる。

そして、ヨーロッパ人の日本認識の高まりは、ヨーロッパで刊行されたアジア地図からもうかがわれ、日本の主な港・都市、そして銀鉱山などの記述が登場し始める。たとえば、一五六三年製ラザロ・ルイス、一五六八年製ドウラード、一五九五年製ティセラの地図にはそうした表記が見受けられる。

また、日明貿易以外の通商においても、日本銀が貿易通貨として利用されていたことが、種々の海外史料によって確かめられる。

ポルトガル商人と中国商人

ポルトガルの冒険商人であるメンデス・ピントが著した『東洋遍歴記』によると、一五四二年頃リャンポー（双嶼）に向かう南シナ海域でピントらを中国密貿易集団と思い込んで攻撃してきたイスラム教徒の海賊を倒した際、彼らが乗っていた中国船（ジャンク）の積み荷を調べたところそれが銀であり、しかもその多くが日本の平戸から明の漳州に向かう三艘のジャンクから奪った日本銀であったことがわかり、平戸・漳州間の銀による通商の事実と日本銀をめぐるポルトガル人・イスラム教徒・中国密貿易商らの争奪の様子がうかがえる。

また、一五四八年に密貿易の一大拠点であった浙江双嶼が明軍の攻撃により陥落した際、ポルトガル商船で捕らえられた黒人の証言によれば、彼らがポルトガル人や漳州・寧波の人らと一緒に船に乗り、胡椒《こしょう》と銀で米・布・紬《つむぎ》・緞子《どんす》を交換する貿易をしながら日本と漳州・寧波の間を往来し、寧波人の中にはポルトガル人や日本人から銀をだまし取る者もいたという（『東洋遍歴記1』第六十六章）。このことから、浙江寧波や福建漳州出身の中国人やポルトガル人らが日明間を行き来し、東南アジア産の胡椒や日本銀と種々の中国産品を取引していた様子がわかる。

さらに、一五六二年編纂の『籌海図編《ちゆうかいずへん》』（巻四　福建事宜）でも、広東・福建の人が海に面した漳州や潮州の民家に各地の産物を隠し置き、「倭人」が来たらそれを売り、「倭人」はただ銀のみを持って中国産品を買い付けたとある。

このように、遣明船に伴う通商以外の密貿易においても、日本銀は重要な貿易通貨として東アジア海域で広く利用されたのである。

戦国大名と銀

一五五〇年代〜八〇年代前半

東アジア世界の動きと銀の国内流通

海禁政策の緩和　一五五〇年代の東シナ海では、後期倭寇（多国籍・多民族からなる密貿易集団）による密貿易が活発におこなわれていた。

後期倭寇の首領である王直が明軍に降伏した同じ年の嘉靖三十六年（弘治三、一五五七）、明政府がポルトガル人のマカオ居住を許可した。これ以降、ポルトガル商人がマカオを拠点に東アジアで経済活動をおこない、日本にも進出する。それは、イエズス会宣教師のキリスト教布教と一体化した行動であり、以前は大内義隆の本拠である周防山口に拠点を置いていたが、天文二十年（一五五一）の義隆没後は大友義鎮《よししげ》の居館がある豊後府内《ふない》と臼杵《うすき》に拠点を移し、さらに大村純忠《すみただ》から教会領として寄進された肥前長崎を新たな拠点とする。

それに対して日本の戦国大名らは、合戦に必要な鉄炮火薬の原料の一つであり、多くを輸入に頼る硝石《しょうせき》（硝酸カリウム）を入手するため、中国海商やポルトガル商人らと積極的に交易をおこなった。

また隆慶元年（永禄十、一五六七）、明政府は東アジアにおける貿易の現状をふまえ、建国以来の国策である海禁政策を緩和し、漳州の月港から東南アジア方面に向かう民間商船の渡航を認めた。それは、日本への渡航については倭寇との連合を警戒して従来通り禁じながらも、「文引《ぶんいん》」と呼ばれる海外渡航許可証の発行により、民間商人の交易活動をある程度認めるものであった。しかし、日本に向かう密貿易船は途絶えることがなく、結局、明政府は民間商船の交易活動を統制できなかった。こうして、ポルトガル商人と中国商人は日本渡航を積極的に進めた。

そして一五七〇年、ポルトガル船が初めて長崎で交易し、マカオ・長崎間の定期航路を開設する。また、翌一五七一年には、スペインがフィリピンのルソン島にマニラ市を建設し、メキシコのアカプルコとの間に定期航路を開設した。それは、新大陸の銀（南米ボリビアのポトシ銀山）が太平洋を越えて明に流れ込むルート（メキシコ—マニラ—福建）の成立を意味し、日本銀がマカオを通して明に流れ込むルートとともに、東アジアにおける活発な銀の流れを生み出す。こうして東南アジアを含む東アジア海域では、日本と新大陸の両方から銀が流入し、国際通貨として取り交《か》わされるとともに、その多くが当時軍事費など慢性的な銀不足の状況にあった明に吸収されることになった。

このような十六世紀以降の東アジア海域における活発な交易活動は、琉球王国の中継貿易を圧迫し、王国の外交文書を記録した『歴代宝案《れきだいほうあん》』によれば、一五七〇年を最後に琉球の東南アジア諸国への貿易船は途絶えた。ただそれは、琉球王朝が主体の国家的貿易であって、琉球の交易活動が朝貢貿易を基軸とするものから、朝貢貿易に依らないものに移行したことを意味し、十七世紀初頭までは民間商船を主体とする東南アジア貿易を展開したものと思われる。

「倭好」

さて、倭寇対策の書として一五六二年に明の鄭若曽《ていじやくそう》によって編纂された『籌海図編《ちゆうかいずへん》』（巻四「福建事宜」）によると、日本の商人が中国に渡り銀で交易していた様子がうかがえる。また、その前年の一五六一年にも鄭によって『日本図纂』が編纂されているが、この二つの書物には共に「倭好」という一節が収録されている。それは、倭寇が好む交易品二二種を列挙したもので、これらが当時の日本で需要が高い品目であったと推測される。しかも、そのうち「絲」（生糸）・「絲錦」（真綿）・「紅線《べにひも》」・「水銀」・「針」・「鉄鍋」・「古文銭」・「薬材」の八種については銀価格があわせて記載されており、それはこれらの品々が銀で取引されていたことを物語る。

とりわけ「古文銭」の項目では、「倭は自ら鋳銭せず。ただ中国の古銭を用うるのみ。毎一千文の価は銀四両なり。福建私新銭のごときは、毎千の価は銀一両二銭なり。ただ永楽・開元の二種は用いず」とあり、日本では銭貨を鋳造せず専ら「中国古銭」を用いるとして、その銀価格を明示し、本来は一千文（貫）＝銀四両だが、それがもし「福建私新銭」ならば一両二銭とある。これは当時、精銭と思われる「中国古銭」だけでなく、低品位銭貨と思われる「福建私新銭」なども銀によって輸入されていたことをうかがわせるものである。

この頃の日本社会では、異なる価値の多様な銭貨が混在して流通しており、精銭のほかに低品位銭貨が広く流通・通用していた。しかも、低品位の銭貨であっても年貢収納や商取引の通貨として使用されており、その幅広い需要により、日本は海外から精銭だけでなく低品位銭貨をも輸入していたと思われる。

たとえば、毛利氏領国では、「南京（銭）」と呼ばれる低品位銭貨が十六世紀半ばから十七世紀初めまで通用していたことが確認され、輸入もしくは国内生産によって市場《しじょう》に供給されていたものと思われる。

また、貿易通貨（国際通貨）である銀は当初海外に流出する一方であったが、十六世紀半ばになると国内でも流通・通用し始める。そうしたなか西国大名は、東アジア諸国・諸地域（の商人）を相手に、主体的かつ積極的に貿易を展開するようになった。

金の動き

十六世紀半ば以降、金と銀は高額商品の取引用通貨として国内外を問わず使用され、しだいに社会に浸透することになるが、当初は両者の動きが異なっていた。

田中浩司氏によれば、すでに十六世紀前期に駿河・伊豆・甲斐などで産金量が増加し、同時期から十六世紀半ばにかけて寺社や公家のもとに、贈与・奉加《ほうが》・貢納といった形で金が流入し、価値を持つものとして蓄積されながらも、すぐに市場《しじょう》に出ることはなかったとする。すなわち金の場合、十六世紀前半天文初年（一五三〇年代初め）頃すでに京都に流入し、寺社や貴族のもとで蓄積されながらも、ただちに市場に現れることはなかった。

それに対して銀は、石見銀山が開発されて貿易通貨として国外に流出したものの、国内での流通・通用が遅れた。それは、銀が高額貨幣として国内流通を始める前から、すでに金が高額貨幣として社会に認知されていたことを示すもので、高額貨幣としての国内流通・通用には金と銀で差があったことがわかる。このように、同じ貴金属貨幣でありながら、登場の仕方において金と銀はやや異なった動きをみせていた。

金は、当時東アジア各地で通貨としての使用が認められるものの、国際通貨と呼べるものはやはり銀であり、諸外国の貿易船は銀を求めて日本をめざし、日本の人々も銀により外国産品を大量に輸入した。それに対して金の場合は、輸出品ではなくむしろ輸入品として日本に流入した。

時期は少し下るが、ロンドン商人ラルフ・フィッチの航海記の一五八八年二月の記述によれば、ポルトガル人がマカオから日本に渡った際は多量の白絹・金・麝香《じゃこう》・陶磁器をもたらすが、日本からは銀のほかに何も搬出せず、彼らは日本銀とインド銀を有利に運用して明から金・麝香・絹・陶磁器およびその他高価な金の装飾品を搬出したとある（小葉田淳『金銀貿易史の研究』）。

すなわち、日本は銀の輸出によって金をも輸入していたのであり、この輸入金と国内産金が、銀とともに日本国内の高額貨幣として流通・通用していた。そして、銀の流通が銀鉱山が比較的多く分布し、しかも貿易頻度の高い西日本を中心とするものであったのに対し、金の流通は金鉱山が比較的多く分布する東日本を中心とするもので、ともに外国産品を中心とする高額商品を取引するための通貨として使われた。

主なものとしては、生糸・絹織物・陶磁器など奢侈品《しゃしひん》（ぜいたく品）のほか、この頃日本社会に新兵器として登場した鉄炮の火薬原料となる硝石があった。また、これら兵器だけでなく、戦闘に欠かせない兵粮《ひょうろう》をはじめとする様々な軍需物資が、金・銀によって調達されたのであり、むしろこれこそが金・銀の国内流通を加速化させたものと思われる。

戦国大名毛利氏においても、銀による兵粮調達や銀送付による軍事支援など多くの事例があるが、これについては後で述べたい。そして、高額貨幣としての国内流通の進展により、金・銀は遠距離間の商取引に有効な支払手段となったのであり、その結果、かつては精銭が担《にな》っていた隔地間《かくちかん》の交易用通貨としての役割も、金・銀が果たすようになった。

西国における銀関係の史料は、永禄年間（一五五八～七〇）頃から登場する。

西国における銀流通

先に述べたように、石見銀山の開発以降、貿易通貨として国外流出が先行した銀の場合、国内流通の始まりは金とは様相が異なった。中島圭一氏によれば、永禄五年（一五六二）に石見銀山を掌握した毛利氏による朝廷・幕府への寄進が契機となり、同七、八年以降、京都で銀が流通し始めたという（中島圭一「京都における『銀貨』の成立」）。しかし、国際貿易都市博多の周辺（筑前国早良《さわら》郡）では、すでに永禄二年時点で「夫銭」

「屋敷銭」「浜銭」などの名目で銀の収納・請取の史料（「青木文書」二三「明光寺文書」八・九「鳥飼文書」二一）をいくつか確認することができる。したがって、京都は銀流通において必ずしも先進地域とはいえない。

博多周辺ではこのほかにも永禄年間に銀での売券《ばいけん》（売買の際、売手から買手に渡す証文）などが認められる（「牛尾文書」一〇）が、永禄十二、三年頃と推定される史料では、銀収納に「はかり《（秤）》」が使われたことも確認される（「青木文書」二一、吉良国光「筑前国山門庄と青木文書」）。

また、永禄七年には安芸宮島（厳島）の「田中藤左衛門」なる人物から伊勢神宮御師《おんし》橋村氏に対する銀の為替《かわせ》納入（千枝大志「中近世移行期伊勢神宮周辺地域における銀の普及と伊勢御師の機能」）、永禄八年には出雲国造《こくぞう》千家《せんげ》氏の網役・山役の銀収納（「佐草家文書」一〇一）、そして永禄十、十一年頃には肥前国内から伊勢神宮への銀の為替《かわせ》・初穂《はつほ》料納入（鈴木敦子「肥前国内における銀の『貨幣化』」）、さらに後述するが、毛利氏の伯耆方面への兵粮銀送付（『萩藩閥閲録』巻三一　山田吉兵衛28）など、永禄年間には、西国各地で銀使用の事例を確認することができる。

したがって、これらのことをふまえると、銀は外国船が直接来航する貿易港や、外国産品が取引されるような経済拠点にまず向かったものと思われる。特に十六世紀後半は、鉄炮の実用化に伴い、火薬原料である硝石や弾丸原料である鉛の補給が必須となり、銀もまずはこうした商品の取引現場に向かったのであろう。

織田信長の通貨法令

永禄十一年（一五六八）九月に足利義昭《よしあき》を奉じて上洛した織田信長は、翌十二年二月末から三月初めにかけて京都や大坂天王寺に対して、いわゆる撰銭令《えりぜにれい》（通貨法令）を発令する（「饅頭屋町々誌」「四天王寺文書」）。よく知られたこの法令は、従来の幕府法や三好氏の法令とは内容が大きく異なっていた。すなわち、「精銭」を基準に、それまで「撰銭」（排除）の対象であったものも含めた一〇種の銭貨を三区分し、それぞれ二倍・五倍・一〇倍の換算値を示しながら、打歩《うちぶ》（割り増し価格、プレミアム）を付けての使用を、「増銭《ましぜに》」として初めて公認するものであった。

その際、「精銭」のみの使用ではなく、「精銭」と（打歩を付けた）「増銭」を半分ずつ使用することを命じており、当時、精銭よりも価値の低い銭貨が増加し、円滑な銭貨流通を阻害するような貨幣状況であったことがうかがえる。

織田政権としては、流通する銭貨の間に価値の差があることをまず認め、「精銭」を基準に比価を設定することで、それまで取引現場から排除されていた多くの銭貨を呼び戻し、商取引の安定化をはかったものと思われる。それはすなわち、特定種以外の銭貨の等価値使用という従来の幕府方針を大きく転換するものであった。

また、永禄十二年三月十六日付けの「精撰追加条々」は、やはり織田信長の撰銭令（追加令）としてよく知られた法令であるが、一ヵ条目で米による商取引を禁止する一方、二ヵ条目で生糸・薬・緞子《どんす》・茶碗など高額商品（主に唐物《からもの》など外国産品）の取引に金・銀を使用することを、中央政権として初めて公認している（「京都上京文書」）。

それは当時、発令対象となった京都・大坂天王寺・奈良など畿内主要都市では、米による商取引に加え、唐物など高額商品が金・銀で取引されていた状況を物語るものである。つまり、京都周辺では流通や宗教（信仰）を背景に経済発展を遂げた小都市が、互いに関係性をもって中央市場（首都市場圏《しじょうけん》）を形成していたのであり、金・銀・米が交換しやすい経済環境を形作っていた。

このように、信長の追加令は、新たに市場に参入した金・銀の（高額）通貨としての使用を公認し、その価格（価値）を「精銭」（「善銭」）を基準に公定することで、銭貨だけでなく金・銀を含めた新たな通貨体系を作り上げ、円滑な商取引がおこなわれるよう通貨環境を整備するものであった。また、翌永禄十三年四月十九日、信長は配下の今井宗久と長谷川宗仁を但馬の生野銀山に派遣しており、貿易通貨である銀の一大生産地を同じ時期に掌握したことも忘れてはならない。

なお、『信長公記』によれば、永禄十二・十三年に茶器の大量購入（いわゆる「名物《めいぶつ》狩り」）が金・銀によっておこなわれており、上洛後の信長のもとには大量の金・銀が集まり、それがまた市場投下されるなど、これ以降、中央市場における金・銀の流通が活発化したものと思われる。

京都における金・銀遣い

永禄年間に続く元亀年間から天正年間前半（一五七〇～八〇年代初め）は、日本国内で金・銀の流通が急速に活発化した時期である。

すなわち元亀年間（一五七〇～七三）には、京都における金・銀の動きが史料上で明確になってくる。たとえば、京都吉田社の神主吉田兼見《よしだかねみ》の日記『兼見卿《かねみきょう》記《き》』によると、信長との贈答のほか、祈禱料や大工の作料（報酬）、そして馬の購入代金などに金や銀が使われている。しかも、両・分《ぶ》といった重量のほかに「枚《まい》」単位（一〇両）での利用が確認でき、一〇両を基準とする板状の金・銀貨がすでに出現、流通していたことがわかる。これについては、先述した信長追加令における金と銭、銀と銭の公定換算値が金・銀ともに一〇両単位であったことも、一〇両基準の金・銀流通が中央市場ですでに広まっていたことを物語る。

さて、元亀三年九月、織田信長が足利義昭に対し十七ヵ条の意見書を送付したことはよく知られているが、その中に「去る夏御城米を出され、金銀ニ御売買の由に候、公方様御商売」「諸侯衆武具・兵粮已下も嗜《たしなみ》ハこれ無く、金銀を専ニ商買」(『尋憲記 九』)とあるように、公方(足利義昭)が城米を金・銀に換えたり、諸侯が金・銀を売り買いしている様子がうかがえる。すなわち、当時中央市場は米が容易に金・銀に交換できたり、金・銀での商取引が盛んであったことがわかる。

信長の金銀・米運用

信長は、高額貨幣として広く通用し始めた金・銀や、銭貨に代わって支払手段としてしばしば利用される米を運用し、財政運営をおこなった。たとえば、元亀四年(一五七三)三月、信長が細川藤孝に宛てた書状に「鉄炮・玉薬・兵粮以下の儀は、金子百枚・二百枚ほどの事、あまりに安き事ニ候」(「永青文庫所蔵文書」)という表現が見える。これは、実際の調達の様子を述べたものではないが、鉄炮以下の軍需物資が金で調達可能であることを述べたものであり、当時の状況をそのまま表したものと思われる。

また、元亀二年には、洛中洛外の田畠に賦課、徴収した米を新たに京都の町に貸し付けて得られた利米を朝廷の財源としているが、それが銭ではなく米で運用させたことからわかるように、当時の米が銭に比べて運用しやすかった状況がうかがえる。元亀三年の「大徳寺 幷《ならびに》 諸塔頭《たっちゅう》金銀米銭出米納下帳《のうげちょう》」は『大徳寺文書』の中でも銀の初見とされる史料（二五三三号）だが、銭よりも金・銀、そして米を中心に収入と支出がはかられており、この時期京都の大寺院では、金・銀と米を中心とする財政運営がおこなわれていたといえる。

このように、銀は十六世紀半ばになってようやく、日本国内で商取引の支払手段としての役割を果たすようになった。それはまず、海外に開かれた港湾都市において、貿易に携わる有力商人の取引用通貨として利用され、その後しだいに外国産品の交易頻度の高い各地の拠点市場に広がったものと思われる。

そして、こうした銀の国内各地への流通・浸透には、貿易や遠隔地交易に携わる有力商人、多くの場合、彼らは幕府・大名・国人など諸権力と密接な関係を持ち、広域的な商業活動に従事する特権商人であったが、その人的関係（人脈）が重要な役割を果たしたものと考えられる。

大名権力と銀

銀の国内流通については、毛利氏領国で多くの事例が確認される。そこで以下、戦国大名毛利氏の事例をもとに、大名権力の銀利用や領国における銀流通について、多角的にみることにしたい。

毛利氏と対馬宗氏

毛利氏は永禄五年（一五六二）七月、周防山口乗福寺の塔頭《たっちゅう》正寿院の僧を朝鮮王朝に使節として派遣する計画を立て、対馬島主の宗《そう》氏にその斡旋《あっせん》を依頼している。

すなわち、毛利氏から宗氏に宛てた七月十六日付けの書状が翌永禄六年二月下旬に届いたようで、それに対する守護代佐須《さす》盛円の三月二十日付け返書が写しの形で残されている

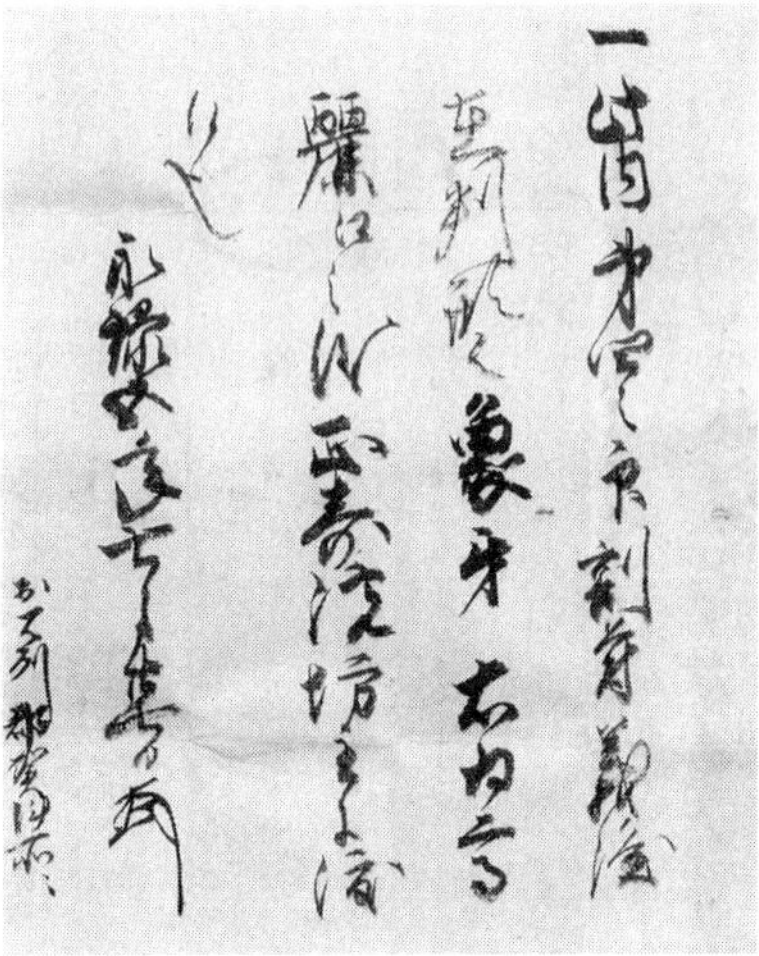
図8　毛利隆元覚書（毛利博物館所蔵）

（「諸家引着」六四）。それによれば、朝鮮王朝への使節派遣を計画した毛利氏が、朝鮮外交に強い影響力を持つ対馬宗氏と緊密な関係を築くため、元就・隆元の連名で書簡を送り届けていたことがうかがえる。

そもそも、毛利氏がこうした行動に出た背景としては、石見銀山を尼子方から奪って支配下に置いたことにあると思われる。毛利隆元の花押が据《す》えられた同年七月二十七日付けの毛利隆元覚書には「一此内第四の印割符、義隆の判形これあり、象牙、右高麗江の儀として、正寿院坊主に渡し候也」（「毛利博物館所蔵文書 大内氏勘合貿易関係史料」四）とあり、大内義隆から継承した第四牙符《がふ》（朝鮮への通交証）を利用して朝鮮への使節派遣を計画していたことがわかるほか、最後に記された「石州都賀陣所ニおいて」という文言から、この覚書の作成場所を知ることができる。

すなわち、同年六月頃、山吹城《やまぶきじょう》を守備する本城《ほんじょう》常光《つねみつ》の降服により、銀山を含めて石見国内の平定がほぼ完了し、隆元はそれをふまえて石見都賀《つが》の陣所で朝鮮遣使の計画を進めたものと思われる。そして、大内氏から外交権の継承を自任《じにん》する毛利氏が、それを実行に移すきっかけとなったのが、貿易通貨である銀を産出する石見銀山と、その積出港である温泉津を掌握したことであったと考えられる。

なお、先の佐須盛円書状によれば、毛利氏側から宗氏に対して太刀一腰のほか馬銭として「白銀四両」が贈られていたことがわかる。生きた馬の代わりに通貨を贈る「馬代《うましろ》」は当時一般的な慣行であるが、それに銀を用いるのは毛利氏として早い事例である。そこには、石見銀山の掌握により、対外貿易を本格的に開始する環境が整った毛利側の状況が認められる。もっとも、毛利氏がめざしていた朝鮮遣使そのものは、対馬宗氏側の返書によれば実現しなかったようである。

温科吉左衛門尉（慰重）の性格と活動

永禄七年（一五六四）八月、毛利氏は温科《ぬくしな》吉左衛門尉慰重に対し、戦功褒賞《ほうしょう》（ほうび）として「拾弐端帆壱艘」（十二端帆《たんぽ》の船一艘分）の「勘過《かんか》」（関における自由通行、通行料免除）について、直轄関と思われる赤間関・肥中《ひじゅう》関・通《かよい》関・須佐《すさ》関（以上長門国）、温泉津関（石見国）を守備する奉行宛ての書状を発給している（「竹井文書」）が、このことは温科氏が国際貿易港の赤間関と石見銀積出港の温泉津を結ぶ海運ルートの主要港における諸役（関料）免除の特権を毛利氏から与えられたことを意味する。

この温科氏は、もともと筑前宗像《むなかた》氏の支配領域内の領主と推測される。しかし、宗像正氏が「黒川隆尚」と称して大内義隆に従っていた頃、その配下として軍事行動に参加し、その活躍により所領を与えられている。そして毛利氏の防長平定後は、宗像氏に帰属しながらも、毛利氏のもとで軍事奉公をおこなった。たとえば、「長州浦辺逆心の者」の情報を提供して討伐に及んだ件では毛利元就が温科慰重に戦功を称《たた》える内容の感状《かんじょう》を与え、恩賞として三艘分の「分国津々浦々勘過」（毛利領国内の自由通航）を認めている。その際、温科氏について「其方の事、無給たりと雖《いえど》も、数年種々馳走」とあり（「竹井文書」）、所領給与を受けないまま数年間、様々な活躍をしていたことがうかがえる。おそらく、温科氏は宗像氏や大内氏から筑前・豊前・周防各地で所領を給与されながらも、基本的には広域の経済活動をおこなう領主であったと思われる。

こうした温科氏に対して毛利氏が赤間関・温泉津間の直轄関「勘過」を認めた理由としては、永禄五年に石見銀山と温泉津を支配下に置いたことが大きく関係していると思われる。おそらく、銀の積出港である温泉津と、国際貿易港である赤間関を結ぶ航路における船舶輸送に温科氏を積極的に利用しようとしたのであろう。それは先述したように、石見銀山と温泉津を掌握した毛利氏が大内義隆から受け継いだ第四牙符を利用し、対馬宗氏のもとに山口正寿院を派遣して朝鮮通交をめざした対外政策と無関係ではあるまい。

一方、それまで北部九州を主な活動領域としていた温科氏にとって、毛利氏の「御用」を務めることは石見銀山の開発以降、活発な流通・貿易活動が繰り広げられている山陰地域に進出する好機であり、実際経済権益の拡大につながったものと思われる。残された史料によると、温科氏は借財を重ねた親族の波賀多蔵人親秀に対し、永禄十年十月付けで所領と引き替えに銀八五〇匁を提供しており（「竹井文書」）、船舶利用による経済活動が当時大きな利益をもたらしていたことを物語る。

このように海辺部の領主は、大名権力から領国内での自由通航（諸関「勘過《かんか》」）を保障されることにより、領国内外での経済活動を幅広くおこなうことが可能になったのであり、戦時は大名から「警固」活動（軍事活動）を求められながらも、平時は所有船舶を利用して経済活動をおこなっていたと思われる。一方、大名権力側としては、海辺領主らの船舶による輸送能力や、海上での戦闘能力に期待して権力編成をおこなったのであり、海辺領主側としては、与えられた諸関「勘過」の権利を有効に活用し、経済活動のさらなる拡大をはかったものと思われる。

当時、赤間関は毛利領国内で最大の貿易港であり、石見銀山および温泉津の掌握は、貿易通貨である銀と、温泉津から赤間関に延《の》びる日本海ルートの確保を意味し、これにより毛利氏は、対外貿易をより積極的に進めることが可能になったといえる。

大内・毛利氏の軍事支援

次に、戦国大名の軍事支援と銀の関係、その歴史的推移についてみることにしたい。そこでまず、時代をさかのぼって、大内氏時代の軍事支援の状況を確認する。

文明年間（十五世紀後半）と推定される頃、大内氏奉行人の道円（内藤道行）が仁保上総介（弘有《ひろあり》）に対し、仁保配下の市来《いちき》藤左衛門尉の軍功を称《たた》えるとともに、「兵粮として千疋これを遣わされ候、西条段銭の内をもって勘渡《かんと》あるべく候」（「譜録 山県弥三左衛門朝次」七）と、兵粮支援について言及している。それは、千疋《びき》（一〇貫文）の銭を「西条段《たん》銭《せん》」の中から与えるもので、その頃は銭による兵粮調達が可能であったことがわかる。

一方、毛利氏時代はどうであろうか。

実は、毛利元就の嫡男隆元の兵粮支援の関係史料が残されている。すなわち、安芸国佐《さ》西《さい》郡の山里《やまざと》衆への兵粮米補給について、奉行衆から「代方」での実施という申し出があり、毛利隆元が家臣の粟屋就方に対して「代物」での勘渡《かんと》（勘定《かんじょう》して渡すこと）を命じている（『萩藩閥閲録』巻三三　粟屋勘兵衛46）。そして、この場合の「代方」「代物」とは、隆元が粟屋就方に別の書状で銀の調達を依頼していることをふまえると、銀であった可能性が高い。

石見銀山は永禄五年（一五六二）に毛利氏の支配下に入ったが、隆元が亡くなる同六年八月以前、早くも軍事支援に銀を利用していたことがうかがえる。まさに、現物の兵粮米の代わりに銀を渡していたのであり、それは当時すでに銀による兵粮調達が可能な社会状況になっていたことを物語る。

永禄・元亀年間における銀の使途

また、永禄七年（一五六四）と推測される七月には、元就・元春・隆景が伯耆《ほうき》河岡城の末近一郎右衛門（宗久）と山田民部丞（満重）に対し、兵粮焼失のため出雲杵築《きつき》から伯耆淀江《よどえ》に米三〇〇俵を輸送するものの、船の遅れを心配して別に「銀子十枚」を届ける旨の書状を送っている（『萩藩閥閲録』巻三一　山田吉兵衛28）。これは現物の米を船で輸送する一方で、それとは別に事前に銀を送った事例であり、銀が兵粮調達に利用される状況を示すものといえる。

そして、元亀二年（一五七一）と推測される七月には、浦上宗景・宇喜多直家と備中方面で戦闘中の横井左衛門尉のもとに輝元が「兵粮合力《ごうりき》」として「銀子廿枚・焔硝《えんしょう》弐十斤・鉛弐貫目」を届けている（『萩藩閥閲録』巻二五　清水宮内16）が、この「兵粮合力」の形での銀送付が当時頻繁に見受けられる。

このように、永禄・元亀年間には出雲・伯耆・備中戦線で銀による軍事支援が確認でき、しかもその利用によって銀の社会浸透が一層進んだものと思われる。

なお、この頃には、もともと尼子方でありながら新たに毛利氏に味方することになった秋上《あきあげ》庵介（久家）に元就が銀三〇枚を贈っている（『毛利家文書』五八一・六三九）ほか、やはり毛利方として活躍した美作《みまさか》高山城の草苅三郎左衛門尉（景継）に輝元が銀五〇枚を贈っている（『萩藩閥閲録』巻三四　草苅太郎左衛門3）が、これも広い意味で銀の軍事利用といえよう。

実は戦国大名毛利氏の場合、いわゆる撰銭令をはじめ、銭貨の取り扱いや銭納への対応を明文化したような通貨法令が確認できない。特に精銭獲得について、大内義興の頃に見られたような積極的な姿勢がうかがわれない。そしてその背景としては、貿易通貨としての銀の登場と、銀の高額貨幣としての国内流通・通用という社会経済状況の変化があったことによると思われる。

毛利氏の場合、永禄年間以降、銀による兵粮調達の事例が多く見受けられる。つまり十六世紀半ばの西国では、大内氏時代と異なり銀が高額貨幣として社会に流通し、銀によって米はもちろん、様々な軍需品が手に入る経済構造が社会的に成立していたのであり、権力としても銀を掌握することで必要物資が獲得できる環境がすでに整っていたといえる。

天正年間の銀の使途

そして織田氏との間で本格的な戦争がおこなわれた天正年間前半には、毛利氏の銀による軍事支援がさらに活発となる。とりわけ、湯原春綱や小川元政らが籠城した美作祝山《いわいやま》城への天正八年（一五八〇）の軍事支援は注目される。

すなわち同年六月、輝元の春綱宛ての書状に「兵粮の儀、銀子をもって差し籠め」とあり、現物の兵粮の代わりに銀を送り届けていたことがわかるほか、七月には小早川隆景の書状に「兵粮の儀承り候、すなわち一人相い添え本陣江申し下し候、（中略）先ず軽々と銀子これを進《まい》らせ候、分配候て相い続けらるべく候」とあり、籠城している城からの兵粮補給要請に対し、本陣に連絡するとともに、まずは「軽々と」銀を送り、それを分け合って城を持ちこたえるよう命じていたことがわかる（『萩藩閥閲録』巻一一五　湯原文左衛門150・63）。

また、吉川元春の書状でも、「兵粮御合力として銀子五枚遣わされ候、我らよりも音信《いんしん》として銀子弐枚これを進らせ候」とあり、毛利本隊からの兵粮支援として銀五枚のほかに、元春自身も銀二枚を贈っていたことがわかる（『萩藩閥閲録』巻一一五 湯原文左衛門120）。そしてこれ以外にも、長期の在陣慰労や天正四年七月の木津川口の合戦の戦功褒賞《ほうしょう》として、銀が贈られていた事例が多数検出される（「白井家文書」二二・『萩藩閥閲録』巻二二 村上図書22ほか）。

なお、軍事支援として戦場に送られた銀が、兵粮調達のために実際どのように使われていたのか、その詳細を示す史料は少ない。しかし年欠ではあるが、天正年間に輝元が側近奉行の二宮就辰に宛てた書状に「成羽《なりわ》うり米ともある由に候、まず五十枚ほど遣わし調えさせ候べく候」（「吉川史料館蔵文書 二宮家文書」六）とあるように、備中成羽《なりわ》で米が売られているという情報を入手した輝元が、すぐさま銀五〇枚を送って米の調達を命じていた事例がある。

すなわち、戦場付近における米の販売と銀での購入は、当時一般的におこなわれていたと推測され、そこでは藤木久志氏が指摘されるような、金儲《かねもう》け目当てのいわば「戦場商人」（藤木久志『雑兵たちの戦場 中世の傭兵と奴隷狩り』）が活発に活動し、食料のほか玉薬《たまぐすり》

（鉄炮の玉と火薬）などの軍需物資を盛んに売買していたものと思われる。

贈答儀礼と銀

次に贈答儀礼、特に進物としての銀の利用をみたい。

永禄十三年（一五七〇）と推定される二月、小早川隆景に宛てた織田信長の書状に、「今度元就江使節をもって申すところ、条々御入魂《じっこん》、本懐に候、貴所執り申さるの旨、歓悦に候、よって御自分の使僧、殊に太刀一腰、銀子十枚贈り給い候」とあり（『小早川家文書』二六二）、毛利氏の許に使者を派遣した信長に対して、元就の意向を受けた隆景が返礼として自身の使僧を派遣し、太刀一腰のほか「銀子十枚」を贈っていたことがわかる。

また、天正四年（一五七六）と推定される四月には、年頭の挨拶として「御札《おんさつ》ならびに御太刀・馬銀子四枚」を信長の許に贈ってきた隆景に対して、家臣である木下秀吉がそれを披露し、信長の謝意について申し述べているが、同時に「代弐枚廿文目（匁）」が秀吉にも贈られていたことがわかる（『小早川家文書』三九六）。このように、織田信長に対する毛利側の銀の進物は永禄末年に始まり、天正年間にかけておこなわれており、この時期それは銀で数枚から十数枚程度であった。

硝石の確保

毛利氏は厳島合戦後の防長侵攻、具体的には弘治三年（一五五七）の周防須々万《すすま》沼城攻めで火薬原料の硝石を必要としている（『萩藩閥閲録』巻一三四　浦四郎兵衛8）ことから、この頃早くも鉄炮を実戦で使用し、永禄年間の出雲尼子氏や豊後大友氏との攻防戦でも鉄炮を戦略的に利用しており、そのため火薬原料であり、輸入に頼らざるを得ない「塩硝《えんしよう》（塩焇）」（硝石）の確保には、随分と神経を使っていた。

一五六七年（永禄十）九月に、豊後の大友宗麟が明のマカオ滞在中の司教ドン・ベルショール・カルネイロに送った書翰《しよかん》はよく知られている。内容としては、敵対する毛利氏との戦いに勝利するため毛利氏に対する硝石の輸出を一切禁止し、カピタン・モール（ポルトガル船の司令官）に毎年良質の硝石二〇〇斤を（大友側に）提供することを求めたものである。

その場合、一〇〇タイス（銀一貫目）もしくは相手方（売り手）の望む額の支払いを大友氏が約束しているが、そこにはポルトガル（明ともいえる）側から毛利氏への硝石流入がうかがえるだけでなく、貿易通貨である銀の重要性が改めて浮き彫りになる。

「鉄炮伝来」以降、比較的短期間の内に鉄炮の国産化を実現した日本だが、それを使用するために必要な火薬原料の硝石は、その多くを輸入に依存していた。したがって、相次ぐ合戦に対処するため、当時の大名は硝石の確保に懸命で、西国大名が銀を元手にポルトガル商人から直接入手したのに対し、東国大名も京や堺などの畿内商人を通して入手していたと思われる。

このように、当該期は軍需品にせよ奢侈《しゃし》品にせよ、諸権力の求める外国産品は銀での入手が可能であった。

次に、軍事以外の銀の動きについて、安芸厳島の関係史料でみることにしたい。

石見銀山と安芸厳島

十六世紀後半になると、銀は単に貿易の決済手段として国外に流出するだけでなく、国内でも通貨として流通するようになった。永禄五年（一五六二）、毛利元就は石見銀山の争奪戦に最終的に勝利し、それ以降、石見銀山および銀の積出港である温泉津は毛利氏の直轄領となり、石見銀山の産出銀は毛利氏にとって財政上きわめて重要な財源となった。毛利氏は、軍事・貿易など多方面で銀を利用するが、石見銀がその主要部分を占めていたことは間違いない。

元亀二年（一五七一）、毛利氏によって安芸厳島社の遷宮《せんぐう》（本殿の造営・修理に伴い御神体をうつすこと）がおこなわれる。これは、永禄十二年正月に備後の国衆和智《わち》誠春《まさはる》兄弟が厳島社頭で討たれたことを受けて、毛利元就がその穢《けが》れを祓《はら》う目的でおこなったとされる社殿再建に伴うもので、元就自身は同年六月に他界したものの、孫の輝元がその遺志を継ぎ、京都から吉田神道（唯一神道）の吉田兼右《かねみぎ》を迎えて十二月に遷宮祭を挙行した。

その際、安芸への下向を受諾するにあたって、吉田兼右が必要経費として「万疋《まんびき》」（＝一〇〇貫文）の銭を要求するとともに、銀の受領についてもことのほか慎重に選び取っていたことが知られる（「野坂文書」九七「厳島野坂文書」九五五）。それは、当時京都で様々な品位の銀が流通していたことや、そのため銀の受領にあたって人々が慎重に対応していたことを示すものとして興味深い。

さて、元就の頃までは、軍事目的以外の利用が禁じられていた石見銀山の銀だが、元就没後は厳島社遷宮の費用に充てられている。すなわち、遷宮奉行の桂元重が、有力社家である棚守《たなもり》家と、社殿の造営・修理を担当する大願寺《だいがんじ》の両者に宛てた書状に、今回の費用は「(石見) 銀山」でまかなう意向を伝えているほか、当時銀山奉行であった平佐《ひらさ》就之と連名で厳島社側に宛てた遷宮入目《いりめ》算用状（「桂文書所収厳島文書」二・四）において必要経費（銭貨額）を銀に換算して示している。

また、後年の天正十五年（一五八七）に実施した千部経読誦《どくじゅ》の法会《ほうえ》でも、入目付立の作成者が当時の石見銀山奉行の林就長であることから、この時の法会の財源にも石見銀山の銀が充てられていたことが判明する（「厳島野坂文書」一三一三）。したがって、元亀年間の遷宮以降、厳島社における毛利氏主催の重要法会には石見銀が利用されていたのであり、ここに石見銀山と安芸厳島社の密接な関係をうかがうことができる。

このように、毛利氏のもとで石見銀山と安芸厳島社は強く結びつくことになったが、これを背景として銀山関係者の間にも厳島信仰が広まったようで、それが厳島社への寄進という形になって現れた。

すなわち、江戸中期享保三年（一七一八）に書き留められた厳島廻廊棟札写《かいろうむなふだ》（「大願寺文書」三一八）は、多くの社殿をつなぐ廻廊の「一間檀那《いっけんだんな》」（一間分の寄進者）に関する棟札記録であるが、確認できる棟札一一四枚のうち安芸国関係六四枚に次いで多いのが石見国関係二七枚であり、しかもその多くが石見銀山「住人」（実体は銀山経営者や銀山町の有力商人）と記されていることが注目される。そして、寄進の時期は永禄十一年（一五六八）から慶長十二年（一六〇七）に及ぶが、元亀二年の厳島社遷宮後の天正年間に特に集中していることがわかる。しかも、厳島社では銀の奉納事例が確認できるが、その中には明らかに石見銀の初穂《はつほ》（その年最初の生産銀）寄進と推測されるものがある（「厳島野坂文書」七

図９　厳島神社本社殿（正面）

図10　厳島神社廻廊

八六・一一九八)。

したがって、こうした状況をふまえると、棟札写に見られる石見銀山関係者の厳島社への寄進も多くの場合、銀の奉納であった可能性が高い。すなわち、石見銀山と安芸厳島社の結びつきは、銀山「住人」の間に厳島信仰を広め、ひいてはそれが石見銀の厳島流入をもたらしたといえる。

銀での年貢収納

厳島社への銀の流入は、年貢納入によってもおこなわれた。たとえば、天正四年(一五七六)二月十五日付けで棚守左近衛将監《(房顕)》・児玉肥前守・大願寺に宛てた毛利氏奉行人児玉元良の書状は、厳島社領である出雲島根郡朝酌《あさくみ》の年貢(銀)配分について指示したものである(「厳島野坂文書」一〇九二)。また、天正年間と推定される三月二十日付け棚守宛て山県春棟書状(「厳島野坂文書」一四六八)は、仁保元棟が同郡持田《もちだ》年貢を厳島社に寄進する際に銀納することを伝えたもので、そこでは年貢米を現地相場(米一俵=銀五匁)で銀に換えた上で送り届けることを述べている。このことから、当時すでに出雲国内でも米の銀相場が成立するほど銀が流通していたのであり、島根郡朝酌・持田など、安芸国から遠く離れた遠隔地社領の年貢が天正年間、現地で銀に換えられて厳島社に輸送されていたことがわかる。

このように、毛利氏の直接支配下に入った石見銀山は、産出銀が元亀二年の厳島社遷宮の財源に充てられたことを機に、安芸厳島社と密接な関係を持つことになり、多くの銀山「住人」による社殿廻廊の寄進がおこなわれ、天正年間にはこれら寄進や出雲国内の社領年貢の銀納により大量の銀が安芸厳島社にもたらされ、厳島を起点とする銀流通を活発化させる要因になったものと思われる。

それでは、銀の社会浸透について、厳島周辺の事例をもとに確認したい。

銀流通を背景とした社会現象

元亀二年（一五七一）の厳島社遷宮が、石見銀の厳島流入の一つの契機になったことを述べたが、それは同時に厳島周辺における銀の流通・浸透を深めることになったと思われる。すなわち、遷宮の財源に石見銀が充てられた結果、遷宮に必要な資材や飯米の調達のために大量の銀が市場《しじょう》に投下され、銀の社会浸透をうながすことになったからである。

また、遷宮に際して各方面から様々な助成（寄付）がおこなわれているが、安芸国衆の中には宍戸隆家の「銀子百文目（匁）」のように、米や銭ではなく銀を提供する者もいた（「大願寺文書」一八五）。その場合、これらの銀も遷宮費用の一部としてやはり市場に投下されたはずで、厳島社遷宮は銀の社会浸透を加速させることになったと思われる。

その結果、厳島周辺ではこの時期、銀流通を背景とする社会現象が確認されるようになる。たとえば、下人《げにん》（主人に仕えて雑事をおこなう下男・下女）譲渡の謝礼に変化が見られる。すなわち、永禄九年（一五六六）八月二十六日付けで棚守殿御局に宛てた藍原兼保の

図11　銀地狛犬（厳島神社所蔵）

譜代《ふだい》下女避状《さりじょう》では、「母にて候者召し仕候普（譜）代の下女才千代」の譲渡に際して「御礼儀として五百疋拝領致し候」と、銭五〇〇疋（＝五貫文）を受領しているのに対し、元亀三年二月二十三日付けで渡辺勘助に宛てた能美春信書状では、「弥三郎」の「永代の御下人」としての譲渡に対して「御礼儀として銀子五拾文目（匁）、御意に懸けられ候」とあるように、銀五〇匁を受領している（「厳島野坂文書」一六七一「新出厳島文書」一一三九）。こうした下人譲渡の謝礼に

見られる銭から銀への変化は、まさに厳島社遷宮で活発化した銀流通によって生じた貨幣状況の変化によるものといえよう。

さて、現在厳島神社には、天正十二年（一五八四）六月十七日付けで平佐就之が奉納した銀地狛犬《ぎんじこまいぬ》が伝来している。小ぶりの銀製工芸品（高一〇・三センチ前後一七・三センチ左右七・〇センチ）で、背中に奉納年月日と奉納者名、尾に製作者名（安芸廿日市鋳物師《いもじ》「山田木工助」）が毛彫りされている。六月十七日は厳島社の代表的な祭礼の一つ「船管絃《ふなかんげん》」（現在の管絃祭《かんげんさい》）の祭日であり、それにあわせての奉納と思われる。ただ、狛犬と呼ばれてはいるものの、一対でなく単体であることやその風貌から、薄目の銀板数枚を利用して成形された唐獅子《からじし》にも見える。また、奉納者が毛利元就時代の石見銀山奉行である点をふまえると、これは石見銀を用いて製作された、通貨以外の銀製工芸品として貴重である。

銀需要と石見銀山

銀は、外国産品をはじめとする高価格商品の購入には欠かすことのできない高額貨幣である。先述したように、戦国・織豊期、銀の主な用途としては、火薬原料の硝石など軍需物資や生糸・絹織物など奢侈《しゃし》品の調達であり、貿易の際はもちろん、国内に流入した外国産品の取引にも使われ、それが同時に銀の国内流通をうながすことになった。

これまでは毛利氏を事例に、銀の様々な需要について述べたが、ここからはその財源についてみることにしたい。

まず、石見銀山である。先述したように、元就の頃には石見銀山で生産された銀の使途は、基本的に「御弓矢」（戦争）、つまり軍事に限られていた。それは、毛利氏が銀山を掌握した永禄五年（一五六二）から元就が亡くなる元亀二年（一五七一）まで、常に臨戦態勢にあったことが大きく影響していると思われる。

しかし実際はそれ以降、厳島社における遷宮や祭祀（神事・法会）の費用として利用されているように、しだいに増加する銀需要に即座に対応できる格好の財源として、石見銀山の産出銀は軍事目的以外にも広く利用されるようになった。

毛利氏の財政構造

こうした、毛利氏の財政構造や特権商人の役割については、秋山伸隆氏の研究が詳しい（秋山伸隆「戦国大名毛利氏の流通支配の性格」）。それによれば、毛利氏は富裕な商人・寺庵《じあん》・家臣から米銭の融通《ゆうずう》をしばしばうけており、特に公領（直轄領）年貢や段銭《たんせん》（公田の面積を基準に領国全域から徴収する税）を担保《たんぽ》とする恒常的な借米・借銭が財政収入の根幹をなしていた。しかも、これにより緊急かつ莫大《ばくだい》な戦費を調達しながら、財政の循環もそれなりに維持されていたという。

実際、天正十一年（一五八三）と推定される十二月十八日付けの佐世《させ》・木原宛て林就長書状によると、予定されている秀吉の養子秀勝と輝元養女の婚礼費用について「国衆などへ御支配も此度のやく（役）に立ち申さず候、段別・棟別なども此度のやく（役）に立ち申すまじく候、持候するかた（方）へ所帯弐百・三百も引き渡され〳〵、御かり（借）候儀ならでハ成りがたく候」（「山口県文書館　毛利家文庫遠用物所収文書」九九）とあるように、国衆への割り当てや段《たん》別《べつ》・棟別《むなべつ》の賦課（臨時課税）も今回は役に立たず、領地を担保に「持候するかた」（富裕者）から借用することが、急場をしのぐ最も有効な方法であったことがわかる。

このように、天正十年の秀吉との備中高松城での講和以降、毛利氏は戦費以外にも生じる巨額の支出に絶えず汲々《きゅうきゅう》としていた様子がわかるが、天正十二年頃のものと推定される側近二宮就辰に宛てた輝元書状から、当時の毛利家当主の心情をうかがうことができる。

「（端裏切封ウハ書）二太　　　元（輝元）」

（前略）

一此春ハ米をただ〳〵あつめたく候、銀子勿論に候、其たくミ才覚いかが候ハんやにて候、我々存じ候ニハ銀子を下にてかり（借）たく候、領地を引き渡し候てかり（借）たく候、ミつ〳〵にて此の調儀仕たく候、つね〳〵入る事候へども、銀山ハ仕つめ候て、経

言又ハ元ふさ(総)賄ニはめ候条、何もかも成らざるまでに候、あきないならでハはや成らず候、

（後略）

（「波多野幸彦氏所蔵文書」）

すなわち、この春はとにかく米や銀を集めたいが、良い方法は領地を担保に「下」（周防・長門方面）で銀を借りることであり、それを内密におこないたい心情を吐露《とろ》している。なお、銀山収入については、経言《つねのぶ》と元総《もとふさ》の「賄《まかない》」、つまり事実上の人質として秀吉のもとに遣わす吉川経言（のち広家）と毛利元総（のち小早川秀包《ひでかね》）の諸経費に充てる意向であり、元就時代に軍事優先とされていた銀山収入も、豊臣政権下の輝元の時代には、もはや支出対象を限定せず、そのつど生じる資金需要に当面対処するために利用していたことがわかる。

このように、当時の毛利家当主にとって、銀は米とともにぜひとも確保しておかなければならないものであり、領地を担保に借りてでも入手する必要があるため、輝元の側近奉行であった二宮就辰には、そうした才覚が求められた。

そして、いわゆる「有徳人《うとくにん》」（富裕な人）から銀の借用を実現するための担保とされたのが、大名権力の財源である直轄領年貢と段銭《たんせん》である。これらは、それ自体が銀調達の元手となりうるものであるが、同時に「有徳人」から銀を借用するため、しばしば利用された。

直轄領年貢と段銭

このうち、毛利氏の直轄領については、所在場所など概要はわかるものの、年貢の収支状況や大名財政中に占める割合など、必ずしも明確でない。

また、（大名取得）段銭についても、関係史料は比較的多いものの、地域や所領ごとに賦課形態は多様であり、領国全域で統一した賦課・徴収がおこなわれていたわけではなく、やはり大名財政中での位置づけを明らかにするのは難しい。

ただ、段銭が毛利氏にとって貴重な財源であったことは間違いなく、永禄十三年（一五七〇）と推測される五月十日付けの福原貞俊宛て輝元書状に「弓矢の役に立ち候物は下段銭に候」（『萩藩閥閲録』巻七九　杉七郎左衛門15）とあるように、「下段銭《しもたんせん》」、すなわち防長両国で賦課・徴収する段銭が軍事行動には不可欠であり、毛利氏の財政運営上、重要な意味を持ち、「有徳人」からの借用においても担保となりうるものであった。

それは、毛利氏領国の中でも防長両国以外は、段銭が免除されるような有力国衆領や大寺社領が多く分布するため、主要財源となりにくかったのに対し、防長両国は旧大内氏領国の中心部分で、郡司《ぐんじ》（郡単位に置かれた役人）を通した賦課・徴収の機構も整っており、しかも毛利氏自身が永禄年間後半以降、段銭の賦課・徴収体制を整備・強化したため、比較的安定した財源であったことによると思われる。

西国大名の外交・貿易

先述したように、一五六七年に明朝が建国以来の国策である海禁政策を緩和させたことにより、福建商人が東南アジアへの進出を本格的に開始し、その一部が法的には禁じられていた日本にも向かう。また一五七〇年にポルトガルがマカオ・長崎間に定期航路を開設したことにより、多くのポルトガル商人が日本に渡航する一方、スペインがフィリピンを植民地化してマニラ・メキシコ間の航路を新たに開設したことで、東アジアに新大陸銀が流入するようになる。すなわち一五七〇年代以降、日本に来航する主な外国商人は、中国（福建）商人とポルトガル商人となった。それをふまえながら、西国大名の外交・貿易について、以下述べることにしたい。

南九州と石見銀山

薩摩の島津家久の天正三年（一五七五）の伊勢参詣旅行記である「中書家久公御上京日記」によれば、伊勢参詣を終えた家久が薩摩への帰路、山陰沿岸部（出雲杵築、石見銀山・温泉津・浜田）を経由して九州肥前の平戸に向かっている。しかも、石見銀山・温泉津・浜田では薩摩・大隅出身の商人が家久一行を歓待した様子、また平戸では「唐船に乗り見物仕り候、なんはん《南蛮》より豊後殿へ進物とて虎の子四疋」とあるように、豊後大友氏のもとに向かう「唐船」に家久自身が乗り込み、「なんはん《南蛮》」（東南アジア）から大友氏への進物が虎の子四匹であったことを目撃・記録している。

こうした記述により、石見温泉津から肥前平戸を経て薩摩に至る航路の存在がわかるが、それはいわば「銀の道」であった。すなわち当時、石見銀山およびその周辺にいた薩摩・大隅商人の主な目的は銀を入手することであり、その取引に必要な諸物資が南九州から石見銀山（方面）に運ばれる一方、逆に石見銀が南九州にもたらされ、海外貿易の元手になったと思われる。また、平戸に碇泊《ていはく》中の「唐船」が豊後大友氏のもとに向かう船舶であったことから、肥前平戸から豊前門司、もしくは長門赤間関を経て豊後府内・臼杵に至る航路が存在したこともうかがえる。

豊後大友氏・肥前松浦氏の貿易

豊後大友氏に関しては、近年の研究により天正元～三年（一五七三～七五）頃に大友宗麟が「南蛮（国）」（東南アジア）に派遣していた船が帰国途中「大風」のため島津領内で破損したため、大友側が島津側に迅速な対応（船舶・荷物の返還）を求めたところ、銀や鹿皮が積載されているという回答があったことが知られる（長田弘通「天正年間以前の大友氏と島津氏」）。また、同七年には大友氏の領国をめざしてカンボジア船が北上して薩摩の港に漂着したことや、大友宗麟とカンボジア国王との間で贈答行為のあったことが知られる（鹿毛敏夫「戦国大名領国の国際性と海洋性」）。実際、豊後府内の出土遺物としては、中国・朝鮮のほか、タイ・ベトナム・ミャンマーなど東南アジア産の陶磁器が多数確認され、そこに豊かな国際性の存在を認めることができる。

また、肥前松浦氏に関しては、天正五年正月吉日付け法印公与暹羅《シャム》国主書案（小葉田淳「松浦家文庫の海外交通史料について」）がある。概要を述べると、かつて「郭六官」の商船がシャム国王の命令で平戸に来航したことがあったが、今回改めて「呉老」の商船が来航したので、松浦鎮信《しげのぶ》がシャム国王に対して返書を送り、毎年一隻の船の来航を要請するとともに、望みの品があるならば調達することを約束して甲冑《かっちゅう》一領を贈ったというものである。ここで注目されるのは、シャム国王と松浦氏の間を中国商人が仲介していることであり、それは状況から見て福建商人であった可能性が高い。

毛利氏の貿易

中国地方の大名である毛利氏の対外貿易、しかも中国商人の九州以外の地への来航と貿易の具体的状況がわかるものとして、高洲《たかす》家《け》所蔵の日明貿易船旗がある（岸田裕之「大名領国下における赤間関支配と問丸役佐甲氏」）。これは万暦十二年（天正十二、一五八四）に、福建泉州府晋江県の商人が、毛利氏によって長門赤間関

図12　日明貿易船旗（複製，広島県立博物館所蔵）

に派遣された代官高須元兼《たかすもとかね》に対して翌年六月の再会と交易を約束したことがわかるもので、高須家の家紋が描かれた船旗の下方にその内容が書き込まれている。しかも、その船旗文言に対応する形で高須（本姓は杉原）氏が明の商人らに書き与えたと推測される文書の写が残されている。

それによれば、翌年六月に明の泉州から長門赤間関に来航・着岸予定の二隻の商船との「商売」（貿易）について、高須氏が「天平」（天秤《てんびん》）を利用した正確な計量のもと、「白銀」（銀）で取引することを明商人側に確約している。

実際、毛利輝元は、高須氏に命じて生糸・絹織物や硝石を調達させており（「高洲家文書」・『萩藩閥閲録』巻六七　高須惣左衛門12）、それらはこうした福建商人との取引によるものであったと思われる。これは、明王朝の海禁政策緩和により活動を活発化させた福建商人の日本進出が、九州にとどまらず長門赤間関にまで及んでいたことを示すものであり、そうした状況をふまえた西国大名の対外貿易であったと理解される。

このように西国大名は、諸外国に船を直接派遣して外交・通商をおこなったり、外国船が来航する貿易港に代官を派遣するなどして、奢侈《しゃし》品や軍需物資を入手していた。

毛利氏の銀需要

ただし、毛利氏が外国産品を入手するために、銀を用いたことを直接示す史料は多くない。その意味で、毛利輝元によって赤間関に代官として派遣され、生糸・絹織物や硝石の調達を命じられた高須氏が、天正十二年（一五八四）に明泉州府の商人と翌年六月に「白銀」で取引をおこなう約束をした事例は貴重である。

また、同じ天正年間と推測されるが、毛利輝元の側近奉行である二宮就辰《なりとき》と佐世元嘉《させもとよし》の両名が、尾道の有力商人渋谷《しぶや》氏に「合薬《ごうやく》の儀、日本目壱斤を弐文め（匁）四分五分ニこ、もと千斤も弐千斤も付け候ハバ、かい（買）申すべく候、代の儀は急ニ申し候て、其元にても相調えらるべく候、いかにも急ニ候ハでハ無曲に候、遅々候ハバ入（要）らず候」と通達している事例（「渋谷文書〈渋谷辰男氏所蔵〉」二〇）も興味深い。

これは、「合薬《ごうやく》」（火薬）が急に必要になったため、「日本目《にほんめ》」一斤《きん》あたりの銀価格を具体的に示しながら、代金を立て替えさせて大量購入を命じたものである。日本の重量基準の価格で取引されている点に外国商人との直接取引ではなく、国内で流通する外国産品の取引を想定させ、注目される。また輝元以外でも、一族の穂田《ほいだ》元清（元就四男）が、「かいき」（海気・海黄）（中国産絹布）を購入させるため「銀子弐文め（匁）五分」を桂清方に渡している事例

（「長府桂家文書」二五）があり、これまた注目される。

これらは、海外の商人との直接取引、もしくは国内に流通する外国産品を入手するために、銀を利用したことがわかる貴重な事例といえよう。

瀬戸内の「海賊」

さて、中世の瀬戸内海には「海賊」と呼ばれ、海上を船に乗って通行する商業勢力に寄生する形で社会的に存在する勢力があった。そして「警固料」などと呼ばれる通行料を徴収して船舶の通行安全を保障する一方、それに応じない場合は積荷を奪取することもあった。

実は、九州肥前の龍造寺《りゅうぞうじ》氏や鍋島《なべしま》氏の御用商人として知られる平吉《ひらよし》家の由緒書（「平吉家文書」二二）に、次のような文章が見える。

一天正の中頃、上方筋瀬戸内、野嶋（能島）・久留嶋（来島）・犬之嶋（因島）とて、海賊共徒党を組取構、登リ下リの者打ち殺シ、往来の諸人困窮致し、直茂様上方筋御用をも相整いがたく候ニ付て、刑部之允より船を仕立て、海賊の大将江使をも以て申し遣し候ハ、他国の儀ハ存ぜず、肥前鍋嶋領内の船を異儀無く差し通さるにおいてハ、謝礼銀子壱貫目差し出すべきの由申し越し候故、海□中納得致し、免々判物幷船印之旗二拾本相渡し候故、早速壱貫目銀差し出し候、これによ

り、その後ハ御用の飛脚、さて又御領内の商買船まで、右船印を以て渡海致し、直茂様御満足大形ならざるの由（後略）

由緒書の性格上、記述内容そのものを歴史事実とみなすことは難しいが、統一政権成立前の瀬戸内の「海賊」村上氏と九州大名の御用商人の関係をうかがわせるものとして興味深い。

すなわち、九州大名の求めに応じ、上方《かみがた》方面で経済活動をおこなう平吉家は、能島・来島・因島ら瀬戸内の「海賊」村上氏への対応策として、「海賊の大将」に銀一貫目を渡すことで「免々判物」と「船印の旗」二〇本を獲得し、瀬戸内海での安全通行を確保したとある。

「海賊」と「旗」といえば、能島村上家の当主（武吉・元吉）が与えたとされる安全通行証としての過所旗《かしょき》がよく知られている（高橋修「新出の『村上武吉過所旗』について」）が、ここに見える「船印の旗」とは、それを思い起こさせるものである。また、「海賊」が「船印の旗」を与える代わりに礼銀を獲得したことについては、後年の史料だが、能島村上氏が豊臣政権内の人物に対して銀や毛氈《もうせん》など唐物を贈った事例との関係が興味深い（「寄組　村上家文書」一六一・一六二・一六六・一七二）。

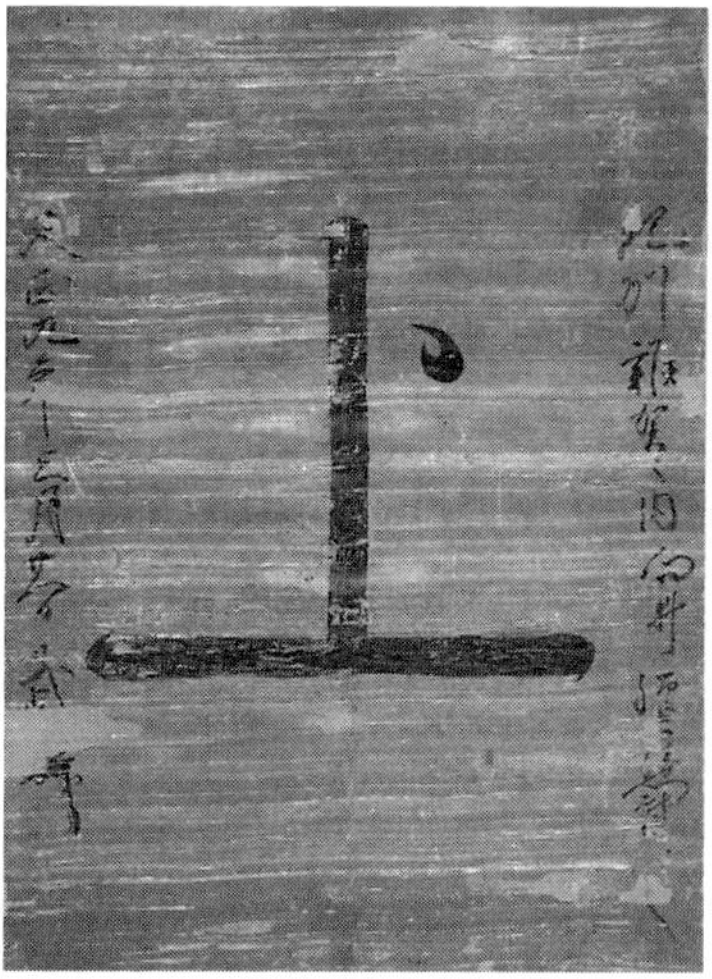

図13　村上武吉過所旗（天正９年３月28日，個人所蔵，和歌山県立博物館提供）

図14　村上武吉過所旗（天正９年４月28日，山口県文書館所蔵）

瀬戸内海の物流に影響力を持つ「海賊」村上氏は、高額貨幣で国際通貨でもある銀や、輸入品である毛氈を入手しうる環境にあったといえる。当時の大名権力は、領国を越えて経済活動をおこなう広域活動商人に対し、領国内での経済活動は保障できても、領国を越えた地域での活動保障は困難であった。その意味で、広域活動商人にとって「海賊」は、航海の安全保障の面で不可欠の存在であった。

当時の日本は、強力な統治能力を持つ中央政権が存在せず、いわば権力の分散状態にあり、大名・国人や商人は個々に主体的な経済活動を展開していた。その際、領国や領域を越える広域的な経済活動をおこなう商船の安全保障を担う存在として「海賊」がおり、彼らの通行料徴収は当時の社会である程度認められる行為であった。したがって、統一政権が誕生するまでは、大名・国人領主・商業勢力と「海賊」が対立する面を持ち合わせつつも、基本的に「共生」する社会であったといえる。

織田信長と金銀・米

織田信長の都市・流通支配

池上裕子氏は、織田信長が天下統一の政権構想の中にまず流通・都市の掌握という目標をおいたとし、国内の流通を発展させ、その動脈中の拠点都市を全国にわたって掌握して金・銀を集積し、貿易を管轄下におくという、重商（主義的）政策を政権構想として持っていたと述べている（池上裕子『日本の歴史　第15巻　織豊政権と江戸幕府』）。さらに、東海・関東を結ぶ太平洋岸の広域物流の拠点である伊勢湾、また湖上水運や日本海水運につながる近江琵琶湖、そして瀬戸内海を大動脈とする西日本の海という「三つの海」の支配をめざしていたとする。傾聴に値する見解であり、貨幣や米に対する政策事例から、筆者も織田信長の都市や流通に対する積極的姿勢を高く評価したい。

すなわち、信長は領国拡大にあたり、拠点となる都市を次々と押さえていったが、その代表が堺である。彼は堺を直轄領とし、尾張清洲《きよす》城下の商人であった松井友閑《ゆうかん》を代官に任命する一方、堺の豪商今井宗久らを通じて町の支配をおこない、国際性豊かな堺を通して世界とつながろうとした。

信長は各方面に進物を贈っているが、奥羽の伊達輝宗に金襴《きんらん》・緞子《どんす》・褶《ひらおび》・紅糸・虎皮《とらがわ》、そして出羽の白鳥氏に緞子・縮羅《しじら》・紅・虎皮・豹皮《ひょうがわ》・猩々皮《しょうじょうひ》を贈っているように、東国の領主に対する進物の場合、貿易品が特に目立つ。「今井宗久書札留《しょさつどめ》」には、虎皮一枚と豹皮一枚が銀では五〇両、米では一八石（米一石＝銀一二匁）という物価状況を示す記述があるが、それは信長が虎皮や豹皮などの貿易品について堺商人を通じて入手していたことを物語る。また、但馬国に木下秀吉らを指揮官として派兵し、生野銀山を直接つかみ貿易通貨である銀を掌握するが、その銀山経営にあたったのが、堺の今井宗久や京都の長谷川宗仁らであった。

このように信長は、都市や流通に加え、国際通貨を産み出す銀山をおさえて貿易にも強い関心を持っていたのである。

信長との対立を深めていた足利義昭《よしあき》が元亀四年（一五七三）四月に挙兵して宇治槙島《まきしま》城に籠城したことに対し、信長は洛外と上京を焼き討ちする。そうした混乱の中、京都の諸寺院は、戦乱による被害を避けるため多方面の武家に礼物を贈ったが、その調達には金・銀・銭・米が使われている（「臨川寺文書」就錯乱方々調入目帳〈同銀下行方〉）。

そして、信長が上京を焼き討ちした後、下京の人々が安全確保のために礼銀を用意したことがわかるのが、同年六月の「下京中出入之帳」（「朝河文書」）である。それによると、一町ごとに銀一三枚ずつ負担するものとして五四町で銀七〇二枚と見積もっており、当時の京都はそれだけの銀供出が可能なほどの経済力を持っていたことがわかる。

同年（天正元年）七月、ついに信長は義昭を京都から追放し、新たに村井貞勝を京都「代官」に任命した。ただ実際には、二年後の天正三年（一五七五）七月頃まで、村井貞勝と明智光秀の両名が「京都両代官」として共同執政をおこなっていた。

信長と金・銀

義昭追放時は、依然として京都周辺に反信長勢力が健在であり、天正元年八月に朝倉・浅井両氏を滅ぼし、さらに翌二年九月に伊勢長島の一向一揆を平定したことでようやく京都周辺の敵対勢力が消滅し、以後、村井貞勝を介した信長の京都支配が本格化するが、この信長の許には寺院など各方面から莫大な金・銀が提供されるようになる。それは天正年間しだいに増加傾向をみせ、天正八年の大坂本願寺との講和の際の銀子一〇〇〇両を頂点に、短期間の内に金・銀の流通規模が拡大した様子がうかがえる。

そして天正年間、金・銀の動きはさらに活発となる。『信長公記』の記事だけでも、信長の禁裏（朝廷）への上納、諸大名や公家への贈与、多方面の人々への下賜《かし》、さらに「名物狩《めいぶつが》り」も含めた商取引などが確認でき、その中には一〇〇枚以上のものが登場している。また、『兼見卿記』でも祈禱料のほか、商取引における金・銀の使用が目立つようになる。

このように、京都における金・銀の流通は、永禄年間の終わりから元亀年間を転換点として天正年間前半にかけて一挙に拡大したのであり、それは信長が上洛し、多くの敵対勢力に苦しめられながらもそれを克服し、京都支配を確立していく時期と重なる。

こうして天正年間以降、畿内およびその周辺を平定して政権基盤を安定させた信長のもとには、各方面から進物として大量の金・銀が集まるようになる。彼はこれらを茶道具など唐物の蒐集をはじめ多方面で利用するが、とりわけ金については、単に通貨としてだけでなく「天下人」の演出にも利用した。すなわち、権威の象徴として新たに築造した安土城の「天主《てんしゅ》」は、金箔《きんぱく》瓦や金碧障壁画《きんぺきしょうへきが》に見られるように、内外ともに金をふんだんに用

図15　特別史跡安土城跡出土金箔軒丸瓦
（滋賀県教育委員会所蔵）

いて装飾されたのであり、この演出方法がやがて秀吉にも受け継がれていくことになる。

米の状況

それでは、銭の信用低下に伴い、その通貨的機能を高めた米の状況はどうであろうか。

先述したように、信長は永禄十二年（一五六九）二月末〜三月半ばの通貨法令によって銭や金・銀の通貨環境を整備することで、米を通貨として使用する必要性を無くそうとしたものと思われる。しかし実際には、銭貨使用の安定化は容易でなく、銭の信用低下は逆に米の信用を高め、その結果、米での商取引や通貨としての利用は一層活発となった。

したがって、その後の元亀年間（一五七〇〜七三）における信長の政策には、当時の銭や米の状況を勘案したと思われるものがある。たとえば、信長が朝廷の財政支援のために実施した京都（上・下京）の町に対する米の貸し付けである。

すなわち、比叡山延暦寺を焼き討ちした直後の元亀二年九月から十月にかけて信長は、幕府・禁裏（朝廷）用途の名目で洛中洛外に段別一升の米を賦課徴収し、それを上・下京を構成する町々に五石ずつ預けて運用させ、三割分の「利米」（利子分の米）を禁裏御倉《きんりおくら》（朝廷の財政機関）に毎月納入させた（「言継卿記」「京都上京文書」）。その際、信長奉行人三名（明智光秀・嶋田秀満・塙直政）と幕府奉行人一名（松田秀雄）計四名の連署状が立売組中宛で発給されていることから、信長の命令が町組を通して個々の町に通達されたという。また「御借米の記」によれば、当時の下京を構成する個々の町とそれを代表する人々の名前が判明するが、翌三年の「上下京御膳方御月賄米寄帳」でも、当時の上京・下京の町組とそれに属する個々の町名がわかる。このように、これら関係史料は、当時の京都の町の重層的な構成を示す点で貴重だが、貨幣史の面からすると、この時期になぜ段別一升で賦課徴収した米を、個々の町に五石ずつ預けて利米を納めさせたのかという点が興味深い。

つまり、賦課徴収と貸し付け、利子分納入がなぜ銭ではなく米でおこなわれたのかということである。そして、それはおそらく、異なる価値の多様な銭貨が流通する当時の京都では、これら一連の作業を銭で実施することが困難であったためと思われる。それに対し、当時商取引で活発に利用され、しかも通貨としての役割を果たす米ならば、運用も比較的簡単で、一定量の米を個々の町に預けて運用させ、その利子分の米を禁裏御蔵に納めさせることは、少なくとも銭に比べて容易であったと思われる。

十合升・判升・京升

その場合、重要な点として、米を量《はか》る枡《ます》の問題がある。近年、早島大祐氏が織田政権の諸政策のうち特に量制に注目し、京都を中心に使用されていた十合枡の公定枡としての導入時期を元亀二年九月の公武用途段米賦課の時期に想定している（早島大祐「織田信長の畿内支配—日本近世の黎明—」）が、筆者も同意見である。そして、さらに付け加えるならば、段別一升の米を賦課徴収し、それを個々の町に五石ずつ預けて三割の利米を毎月納めさせる仕組みのもとで正確な計量の必要性が生まれ、その結果、政権公認の公定枡（法定枡）が誕生したものと思われる。

それは、当時京都で広く使用されていた十合枡を織田政権が公認したものであり、「判舛」と呼ばれたものがそれに該当するのであろう。「妙心寺米銭納下帳」の元亀二年の箇所に「判舛」の表記があることを宝月圭吾氏が指摘している（宝月圭吾「京枡の成立」）が、この点は重要である。また、先述した元亀四年の「就錯乱方々調入目帳（同銀下行方）」にも「判舛」の表記が認められる。

そして注目されるのが、次の史料である。

当社御結鎮銭《けっちんせん》代米の儀、京中御定斗米の如く、請取らるべきの由、仰せ出され候、則ち郷中へも申し触れ候、その意を得らるべき事肝要に候、異儀有るべからず候、恐々謹言、

五月廿三日　　明智十兵衛尉
光秀（花押）
村井民部少輔
貞勝（花押）

賀茂社中

（「賀茂別雷神社文書」三四三）

この史料は、おそらく義昭追放後に明智光秀と村井貞勝が共同執政にあたっていた天正二、三年頃のものと思われる。内容としては、賀茂社領から収納する結鎮銭《けっちんせん》（上賀茂社の中世以来の社領に賦課する一種の税）の米納について、両者が信長の意向を賀茂社側に伝えたもので、あわせて郷中にも通達したことを申し添えている。その内容は、「京中御定斗米の如く」、すなわち信長が京都で使用することを命じた法定枡（「判舛」）による正確な計量での収納を命じたものである。

このように、米納をおこなわせる際の正確な計量の必要から、織田政権のもとで量制の整備がはかられたことを確認したが、それは結果として米（量）の価値尺度化を推し進めることになったのであり、近世社会の重要な柱の一つである石高《こくだか》制は、このような銭や米の状況をはじめとする社会経済的環境のもとで誕生したと思われる。

そこでその過程について以下、具体的に見ることにしたい。

石高制の萌芽

天正三年（一五七五）十一月、権大納言となった信長は公家や寺社に対し、「天下布武《てんかふぶ》」の朱印で一斉に所領を給与した。

池上裕子氏によれば、「その土地は敵対した将軍義昭の追放によって欠所《けっしょ》とした幕府料所があてられた」もので、「この時の新知《しんち》給与は単なる朝廷・公家政策というよりは、将軍義昭との戦争に勝利したことにより、洛中洛外に信長の一円的領有権が成立したことに伴う知行《ちぎょう》制の形成の一環として行われた」のであり、「公家・寺社らは当知行安堵に加え、恩賞としての「新知《しんち》」宛行《あてがい》によって信長の知行制の中に完全に組み込まれた」とする（池上裕子「大名領国制と荘園」）。

ここで重要なのは、「直務《じきむ》」「直納《じきのう》」を認める知行地が「新知」「新地」として石高で給与されたことである。高木久史氏も指摘するように、これ以降、畿内とその周辺では米建て給与が一般化する（高木久史「信長政権の知行制度」）。また、早島大祐氏によれば、翌四年十一月の公家に対する信長の「新知」給与で「舛の延《ます》」分（収納枡と下行枡《げぎょうます》の容量の差益分）が考慮されており、それは収公された旧幕府の闕所地《けっしょち》（没収地）で知行高が枡でしっかりと計られ、延分まで把握されていたためとする（早島大祐「織田信長の畿内支配―日本近世の黎明―」）。

このように、京都支配を確立した信長の天正三年における山城国内での知行給与は石高でおこなわれたのであり、それは従来京都の標準枡であった十合枡の公定など、量制の整備を背景にしたものと思われる。京都の十合枡は織田政権によって認定された「判舛」（法定枡）となり、多様な地域枡の中で「京舛《きょうます》」と呼ばれ、やがて織田氏領国の基準枡になったものと思われる。なお、奈良興福寺大乗院の門跡《もんぜき》尋憲の日記『尋憲記　十二』には、天正五年九月十七日に興福寺の使僧寛舜が京都で買物をした際、代米を「京舛」基準で支払った内容の記述があるが、それが「京舛」の早い事例である。

さて、天正八年九月には大和で「指出《さしだし》」（従来の収納状況の報告書）が徴収されるが、その際、「銭地子《ぜにちし》米になして書き出すべし」とあるように、銭地子も「米」（石高）に換算して報告させている（『多聞院日記』天正八年十月十日条）。それはすでに松尾良隆氏が指摘しているように「当国知行《ちぎょう》方糺明の儀仰せ付けられ、それより軍役等の事、申し付くべきの旨、上意に候」（「仲覚三氏所蔵文書」）、すなわち銭納分も含めた形で掌握した石高（知行高）を軍役の賦課基準とすることが信長の意志（「上意」）であり、織田政権の方針であった（松尾良隆「天正八年の大和指出と一国破城について」）。

また同じ年、秀吉は信長の命により播磨で検地をおこない、石高による知行宛行を実施しているが、それは石高による権力編成（知行給与・軍役賦課）をめざすものであったと思われる。

その意味で、丹波を支配する明智光秀の天正九年六月二日付け軍法第七〜九条（「尊経閣古文書纂」）は注目される。

一陣夫荷物の軽重、京都法度の器物三斗、但し遼遠の夫役にをいてハ弐斗五舛たるべし、其糧一人付いて一日ニ八合宛、領主より下行すべき事

一軍役人数百石ニ六人、多少これに准ずべき事

一百石と百五拾石の内、甲一羽、馬一疋、指物一本、鑓一本事

この軍法については、かつて宝月圭吾氏が「京都法度の器物」を信長の判枡である京都の十合升、すなわち京枡と位置づけ、近年では高木久史氏が米建ての知行量を基準とする

軍役規定と理解し、また早島大祐氏が統一枡での検地とそれを基準にした軍役賦課・兵粮下行の観点から論じている（宝月圭吾「京枡の成立」、高木久史「信長政権の知行制度」、早島大祐「戦国期研究の位相―中世、近世、そして現代から―」）。そこで、これらの見解をふまえ改めて述べるならば、陣夫荷物や兵粮の量基準となった「京都法度の器物」（「判舛」「京舛」）によると思われる知行高を基準とする軍役規定の登場は、まさに権力編成の基本原理としての石高制の成立を意味している。

すなわち、法定枡の登場により量制が整備された環境のもとでの米穀量に基づく石高の方が、種類により価値が異なる銭額に基づく貫高よりも、知行宛行や軍役賦課など権力編成の価値尺度としては有効であった。明智光秀と村井貞勝の両名が、賀茂社に結鎮銭の米納方法を示した際に用いた表現「京中御定斗米の如く」と「京都法度の器物」の言い回しがよく似ている点が興味深い。こうして、織田政権下で「判舛」「京舛」として公定された京都の十合枡がその後、豊臣政権下においても計量基準となり、やがて全国規模での量制基準になったものと思われる。

以上のように、異なる価値の多様な銭貨が流通する中、公武用途段米の賦課やそれを元手とする貸付・利米収納を機に整備された量制のもと、米穀量に基づく石高が知行給与だけでなく軍役賦課の基準となり、ここに権力編成の基本原理としての近世石高制の原型が誕生した。すなわち、年貢米納という「石高」本来の属性に知行給与・軍役賦課という権力編成の基本要素が加わることにより近世石高制の祖型が生まれたのであり、その意味で石高制は織田政権の政策展開の中から誕生したといえる。

なお、貫高制ではなく石高制が社会的に成立した背景として、福建地方から日本への中国渡来銭の供給途絶や、それによる日本国内における精銭の希少化という現象を想定する学説が近年東洋史研究者から提起され（黒田明伸『貨幣システムの世界史〈非対称性〉をよむ』）、それを支持する日本史研究者も少なくない。ただ、すでに述べたように、毛利氏領国では十六世紀半ばから十七世紀初めまで「南京（銭）」と呼ばれる銭貨が広く流通しており、それが明国南部の銭貨であれば福建地方以外から渡来銭の供給があったか、日本国内で同類銭貨の鋳造供給があったと考えざるを得ない。また、流通傾向として「精銭の希少化」は想定できるとしても、それが貫高制ではなく石高制が社会的に成立する背景となったと理解するには、その具体的な経過説明が必要である。

そもそも、異なる価値の多様な銭貨が流通する社会環境では、銭額である貫高は普遍的な価値尺度になりにくい。したがって、貫高制が最終的に採用されなかったのは、流通銭貨「量」の問題というよりも、銭で見積もられた貫高に対する「信用」の問題であり、領国支配の強化を図る広域公権力にとって、質の異なる貫高の並存状態の解消が当面見込めない以上、貫高よりも石高の方が権力編成（知行給与や軍役賦課）の基準数値として有効であり、信長や秀吉もそのように理解したものと考える。

豊臣政権と銀

一五八〇年代後半～九〇年代

豊臣政権の誕生と物流・貿易の変化

求心的流通構造

戦国期までの国内における市場構造や物流状況は、統一政権である豊臣政権の誕生により大きく変わるが、それは国内統一の途上においてすでに確認できる。それについて以下、具体的に見ていくことにしたい。

天正十年（一五八二）六月、本能寺の変が起こり、織田信長が自害する。それを引き起こした明智光秀を討った羽柴（のち豊臣）秀吉は、翌年五月に信長後継候補の筆頭であった柴田勝家を倒し、九月から大坂本願寺の跡地に築城を開始する。それが大坂城であり、以後城郭とそれを取り巻く城下町が段階的（第一期天正十一～十三年、第二期天正十四～十六年、第三期文禄三～五年、第四期慶長三～四年）に建設・整備されていく。こうして、かつて大坂本願寺を中心に摂《せっ》・河《か》・泉《せん》の寺内町が結びつく経済構造を基盤とし、それまで堺が担《にな》っていた役割を吸収する形で大坂城下町が誕生した。秀吉は、同十二年頃に朝廷や五山寺院を京都から大坂に移す、まさに「遷都《せんと》」をめざしたようだが、それが困難と判断すると、当時大坂の外港的役割を果たしていた堺を天王寺・平野を介して大坂に結びつける構想のもと、城下町建設を推し進めた。

その一方で秀吉は、十三年七月に関白となり、京都における自身の政庁として聚楽第《じゅらくだい》を翌十四年から築き始める。そして、大坂城や聚楽第《てい》の周辺には諸大名の屋敷が建設されるが、京都の場合、大坂天満から本願寺が移されるなど多数の寺院が特定の地域に集められたほか、公家の屋敷群も新たに誕生、さらに十九年にはそれらを取り囲む土塁と堀が「惣《そう》構《がまえ》」「都築地《ついじ》」として築かれた。

本願寺顕如の右筆《ゆうひつ》（書記役）をつとめた宇野主水《もんど》が記した『宇野主水日記』（天正十四年三月）には、「京都内野辺ニ、関白殿ノ御殿タテラルベキニ付て、二月下旬ヨリ諸大名在京シテ大普請ハジマル也。大坂ニハ中国の大名ノボリテ普請アリ。人足七・八万、又八十万人バカリアルベシト云々」と書かれており、かつて大内裏《だいだいり》のあった京都内野《うちの》付近に関白の御殿、すなわち聚楽第が築かれることになり、二月下旬から諸国の大名が在京して大普

図16　聚楽第（『聚楽第図屏風』より，三井記念美術館所蔵）

請が始まったこと、また大坂には中国地方の大名がのぼって普請をおこない、その人足数が七、八万から一〇万人に及んだという情報を載せている。

中国大名の一人である毛利輝元は、天正十六年七月に上洛して秀吉に謁見するが、聚楽第付近に屋敷の建設を命じられる。すなわち、上洛中の輝元が国衆の湯浅氏に宛てた書状には、諸大名が建てた屋敷の壮麗さを述べ、毛利家もそれ相応の屋敷を聚楽第（付近）に建てるよう秀吉から命じられたので、「国家」（毛利氏領国）安泰のためにも、個々の「分《ぶ》限《げん》」（所領高）に従い家臣に普請役を割り当て早急に整備することを命じている（『萩藩閥閲録』巻一〇四　湯浅権兵衛63）。つまり、聚楽第付近の屋敷建設が、諸大名にとって領国をあげての大事業と意識されていたことがわかる。

しかも、こうして建設された大名屋敷には、大名自身だけでなく妻女も住むことになる。興福寺多聞院院主《いんじゅ》が記した『多聞院日記《たもんいんにっき》』（天正十七年九月朔日条）によれば、「諸国大名衆悉ク以テ聚楽へ女中衆同道セシメ、今ヨリ在京スベキノ由仰セ付ケラルトテ、大納言殿女中衆今日上洛」とあり、諸国の大名はすべて「女中衆」（婦人ら）を伴って在京することを秀吉から命じられ、それは身内である大納言（豊臣秀長）も例外でなかったことがわかる。

このように、大坂や京都ではそれぞれ大坂城と聚楽第を中心に大規模普請がおこなわれ、諸大名の家族や家臣、そして普請にあたる人足らが居住することにより急激な人口増加が生じたのであり、それに伴い建築資材や生活物資の大量搬入が始まった。その結果、荘園領主が居住する京都や奈良などを核とするかつての荘園制市場構造とは異なる、大坂と京都（のち伏見が加わる）を二つの核とする中央市場に諸大名の領国市場が結びつく新たな求心的流通構造が誕生した（大坂については桜井英治「領国経済と全国市場」）。もっとも、織田政権期までの大坂・京都の都市的発展や周辺の経済拠点との結びつきが、中央市場形成の基盤になったことはいうまでもない。

さて、豊臣秀吉が毛利輝元や小早川隆景に対して与えた天正十九年三月十三日付けの朱印知行目録（『毛利家文書』九五七・『小早川家文書』一八〇）には、「京都台所」や「在京料」を名目とする所領給与が見られるが、これは大名自身や妻女らの在京を前提に、それに必要な諸物資の調達を想定して設定されたものである。こうして諸大名の屋敷が集中した大坂や京都では、建築資材や生活物資の需要が急速に高まり、中央政権の財政運営に関与、あるいは諸大名と商取引をおこなう御用商人が盛んに活動することになった。

一方、地方でも諸大名が統一政権との間で確定した領国のもと、政治経済拠点としての城下町を建設して領国支配の拠点整備につとめた。それは、もとから流通経済の拠点であった場所もあれば、新たに土地を整備して町立てをおこなった場所もある。ただ、いずれにせよ統一政権期に誕生した大名城下町には、他地域出身の商人が招かれていることが多い。毛利氏の場合、出雲平田《ひらた》の新田開発者であり、杵築《きつき》商人として毛利氏の「御蔵本《くらもと》」（財政運営を担当する特権商人）をつとめた経験もある平田屋惣右衛門（佐渡守）を、広島の城下町建設の「町人頭《がしら》」に任命して町立てを担当させたが、土佐の長宗我部氏も岡豊《おこう》から大高坂《おおたかさか》に本拠を移して城下町を建設するにあたり、浦戸《うらと》に京・堺などの畿内商人や播磨飾磨津《しかまつ》の商人を招いており、他地域から招聘《しょうへい》・登用した特権商人の事例は多い。

政権主導の物流

豊臣政権のもとで誕生した新たな求心的流通構造は、まさに「政権主導の物流」が展開するものであった。その特徴について以下、三つの点から述べてみたい。

第一に、豊臣政権期は大坂城のほか、京都の聚楽第・大仏殿・伏見城が建設されるなど、大坂・京都（伏見）では大規模普請が相次いでおこなわれ、材木・鉄・畳面《たたみおもて》など大量の建築資材が国内各地から大坂・京都に搬入された。

たとえば、天正十四年（一五八六）に政策として打ち出された京都東山の大仏殿建立は、同十六年から材木調達が本格化し、諸大名がその提供を求められている。出雲の国衆多賀氏に宛てた同年と思われる九月二十五日付けの毛利輝元書状によると、「大仏殿材木、早々に差し上ぼすべきの由、追々仰せ下され候、誠に国家一大事の儀ニ候、此の時各《おのおの》力を励み差し出すべく候、年内に津出し申し付くべく候」とあり（『萩藩閥閲録遺漏』巻一の一　多賀兵右衛門29）、秀吉から大仏殿用材木の早急の調達を命じられた輝元が、それを「国家一大事」と受け止めて年内の「津出《つだ》し」（港からの積み出し）を厳命している。

しかもそれは、従来、大名であっても容易に介入できなかった国衆領をも対象とするものであり、材木の調達・運搬責任者の入江与兵衛尉就昌《なりまさ》に通達しているように、有力国人吉見《よしみ》氏領内の調査を命じ、たとえ神社仏閣の木であっても供出させている（『萩藩閥閲録』巻五四　入江七郎左衛門33）。そしてこうした行為は、直轄領以外の国衆領や有力寺社領に対しても領国一律の負担を強制する契機となり、それが領国規模での権力編成の前提となる惣国検地《そうこくけんち》（天正十五〜十八年）の実施に結びついたものと思われる。

そして、輝元の袖判《そではん》がある三ヵ条の「掟条々《おきて》」は「北浦」、すなわち山陰沿岸から大仏殿建築用資材としての材木輸送を命じたものである（『萩藩閥閲録』巻六三　福嶋幾二郎3）。一条目では誰の領内の浦であろうと船を調達して材木を下関まで滞りなく運搬することを命じ、二条目では操船の水夫に対する「堪忍料《かんにんりょう》」（手当《てあて》）を下関で給付することを述べている。このように、毛利氏領国のうち山陰沿岸部の港湾まで積み出した材木は、それが誰の領内であろうと、船と水夫を調達・動員して下関まで運ばせた。室町時代中期文安二年（一四四五）に記録された「兵庫北関入船納帳」では、材木を積載して兵庫北関（現在の神戸港）に入港した船舶の船籍地のうち西端が安芸竹原であったが、豊臣政権期にはそれよりも遠方、しかも山陰側から下関経由で瀬戸内海に入り、畿内に向けて材木が運ばれていたことがわかる。

なお、天正十九年には秀吉が諸大名に大仏殿建立用の材木を、本数・樹木種別・寸法・使用場所を具体的に指定した上で摂津尼崎《あまがさき》まで回漕することを求めており、西国でも毛利氏や大友氏、そして島津氏らが命じられている。それは豊臣政権が策定した普請計画のもと、国内各地から必要資材が集められている様子を示すもので、まさに「政権主導の物流」が展開していたといえる。

第二に、豊臣政権期には国内統一戦争や海外派兵が相次いでおこなわれた。すなわち天正十三年七月に関白となった秀吉は、まず四国、続いて九州に向けて軍事行動を開始する（四国出兵・九州出兵）。それは西国における統一戦争であり、戦場に向けて国内各地から将兵が移動するとともに、軍需物資の長距離輸送がおこなわれた。その意味で、まさに「政権主導の物流」がここでも展開したといえる。

こうした軍事行動は、大規模な将兵の移動と物資の輸送を必要とするため、統一政権によって陸・海の関所撤廃が強力に推し進められた。山陽沿岸の陸路が、九州出兵や朝鮮出兵を機に多くの将兵や秀吉自身の移動に必要な幹線ルートとして沿線の諸大名によって整備されたが、それには架橋や宿所建設が伴っていた。

海賊停止令

そして、こうした「政権主導の物流」にとって障害となったのが「海賊」（海の領主）の存在である。周知の通り、秀吉の対海賊政策についてはすでに多くの研究成果があり、近年では天正十六年（一五八八）七月八日付けの三ヵ条の「定《さだめ》」（いわゆる「海賊停止令《ちようじれい》」〈海賊禁止令〉）だけでなく、それに先立つ法令（初令）の存在、そして瀬戸内海最大の「海賊」能島村上氏が豊臣政権に政治的に屈服していく過程について論じられてきた（岸田裕之「海の大名能島村上氏の海上支配権の構造」、藤田達生「海賊禁止令の成立過程」）。そこでまず、現時点での研究の到達点について確認したい。

天正十三年、豊臣政権は四国を平定した後に国分《くにわけ》（領土分割）と城割《しろわり》（城郭の破却）をおこなうが、その過程で能島村上氏はそれまで保持していた諸権益を次々に失っていく。そ

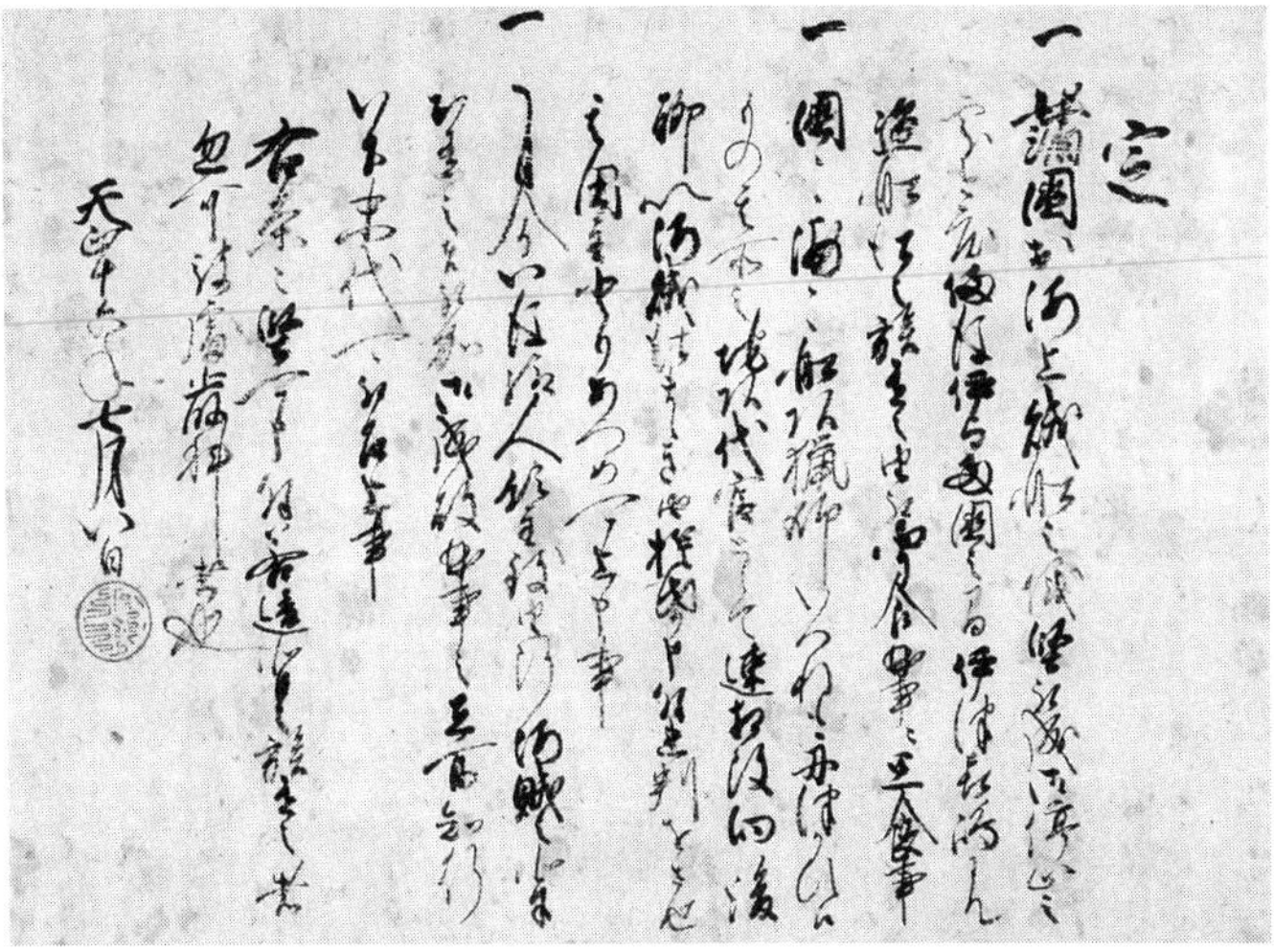

図17　海賊停止令（東京大学史料編纂所所蔵）

の始まりが、豊臣政権のもと、新たに伊予の領国主となった小早川隆景が同年十一月に能島村上氏に対し、来島《くるしま》海峡の要衝である務司《むし》・中途《なかと》両城の放棄を起請《きしょう》文《もん》で命じたことである（「寄組 村上家文書」七五）。

翌十四年、豊臣政権は瀬戸内海の海上勢力を動員して九州攻めをおこなうが、その軍勢の中には能島村上氏も含まれていた。そして十五年の九州平定後、秀吉は「国々において海賊・盗賊これ無きよう」命じていた（いわゆる海賊停止令の初令）にもかかわらず、長崎湾で「大唐・南蛮ならびに諸商買船」への妨害（海賊）行為を働いた肥前深堀氏に対し、城割も含めた厳しい処分をおこなう（「深堀家文書」三八一）一方、能島村上氏には（瀬戸内海で）「海賊」行為に及んだことを問いただし、大坂に出頭しての申し開きについて小早川隆景を通して要求する（『小早川家文書』二八六）。

それに対して能島村上氏は、増田長盛・戸田勝隆・浅野長吉（長政）、そして福島正則ら秀吉直臣に直接働きかけをおこなうなど種々打開策を探るものの事態は好転せず、ついに本拠である伊予能島を離れ、周防大島を経て、小早川隆景が新たに領国主となった筑前の加布里《かふり》（現福岡県糸島市）という場所に移ることになった。

こうして瀬戸内海最大の「海賊」能島村上氏を屈服させた上で、秀吉は天正十六年七月八日付けで海賊停止令を発令、船を扱うすべての者を陸の領主に権力編成させるとともに、今後「海賊」行為をしない旨の誓約書を取り集めて提出させた。これは中世を通じて日本国内に広く存在した海上勢力としての「海賊」の海上支配権を否定・奪取するものであった。

ただ、この海賊停止令の発令によって従来の「海賊」の海上権益、すなわち海関を設けて通行料を徴収する行為そのものが直ちに消滅したかというと、必ずしもそうではない。それについて、周防上関《かみのせき》の事例でみたい。

周防上関の村上氏と島津氏

戦国期の周防上関は、能島村上氏の一族である村上武満《たけみつ》が拠点を置き、海関を設けていたことが知られる（「佐甲家文書」六）が、海賊停止令発令後の天正十六年（一五八八）九月、上洛していた薩摩の島津義久が船で瀬戸内海を通って帰国する途中立ち寄り、村上氏との間で関の通過について取決めをおこなっている。

すなわち九月二十二日の到着後、雨天が続いたこともあって、十月四日早朝の出船まで長期滞在となったが、島津義久は、当時「関の役人」「地下の役人」という立場にあった村上刑部少輔武満とその子源三郎らと親しく交流している。

そこで注目されるのが、九月晦日夜前に安芸国より帰国した村上武満から宿所に樽が届けられたことに対し、島津義久が武満父子のもとに使者を遣わして今後の島津氏御用船の上関通過に配慮を求め、その了承を得ている事実である。それについて「薩藩旧記雑録」では、次のように記している。

上の関において

今度不慮の参会、幸の儀に候、然らば自今以後に至り、愚判を致すべき上下の船は、堅固の曖《あつかい》大望に候、薩・隅津浦においても、当関の舟証跡あらば、懇に申し付くべ

く候、その外相応の御用等、随分馳走せしむべき事、仍状斯の如し、

天正十六年（九月）菊月晦日　草案

村上刑部少輔（武満）殿　御判

同　源三郎殿

すなわち、村上武満父子に対して島津義久が、今後自身の花押《かおう》がある文書を所持した船舶が上関を通過する際に格別の配慮を求める代わりに、薩摩・大隅の「津浦」でも上関船籍の船である証明があれば島津側が特別の対応をするというもので、双方の領域内の港湾における自由通行を相互に保証したことがわかる。

その場合、村上氏の立場については、島津氏の表現「関の役人」「地下の役人」から、毛利氏に権力編成された上での関所管理といった状況が想定できる。ただ、仮にそうであったとしても、通行料徴収など従来の経済権益は依然保持されていたと理解できる。それは、上関の村上氏がこの時点でも一定の自立性・主体性を保持していたことを示すものであり、海関を設けての通行料徴収という行為そのものは、天正十六年七月の海賊停止令によって直ちに否定されたわけではなく、上関の村上氏はもとより、島津氏も領内の港湾に

おいて依然保持していたものと思われる。

しかしそうなると、天正十四年と推測される四月、秀吉が毛利氏に対して与えた一四ヵ条（『毛利家文書』九四九）の一つとして「海陸役所停止」を命じ、毛利氏も同年六月に分国掟三ヵ条（「右田毛利家文書」一六五）の中に「諸関停止」の一ヵ条を盛り込んだ点が問題となるが、それは秀吉朱印状の「九州に至る通り道作るべきの事」（第八条）との関係で理解すべきであろう。

すなわち、海陸の関所撤廃は九州出兵に伴う将兵の移動や軍需物資の輸送の円滑化を当面の目的とするものであって、必ずしも諸関の全廃を念頭に置いたものと理解する必要はない。実際、天正十六年七月の海賊停止令三ヵ条においても海関否定の文言は無く、上関の事例を見る限り、この法令の発令が直ちに海関の全廃をもたらしたと理解することはできない。

その意味で、「賊船」の禁止、すなわち海賊行為の禁止が海賊停止令の骨子であり、海関での通行料徴収といった行為そのものは海賊停止令で直ちに廃止されたというよりも、豊臣政権下の諸大名によって進められた権力編成や給地替えの実施により社会的に消滅していったものと思われる。

いずれにせよ、天正十六年の海賊停止令は、中世を通じて日本国内に広く存在した海上勢力としての「海賊」が歴史的に築き上げてきた海上支配権を否定するものであったが、それは同時に豊臣政権の貿易政策とも密接な関係を持っていた。すなわち、貿易品の海上輸送に関するものであり、それがまさに第三の「政権主導の物流」に相当するものであった。

長崎の直轄化

秀吉は、貿易政策において、それまでに無い新たな方針を打ち出した。すなわち、天正十五年（一五八七）五月に島津氏の降服により九州平定を成し遂げると、翌十六年四月にかつて大村純忠《すみただ》の寄進によりキリスト教会領となっていた長崎を取り上げ直轄領とし、肥前の鍋島直茂《なおしげ》を代官に任命する（「鍋島家文書」一七）。そして、地子銭《じしせん》（土地や屋敷への税）を免除して都市としての発展をうながす一方、堺出身の商人小西立佐《りゅうさ》（左）を派遣して大量の銀で黒船（ポルトガル船）が積載する生糸の買い占めをおこなわせた。

また、天正十七年と推定される八月、秀吉は島津氏から薩摩半島片浦《かたうら》に黒船が着岸したとの報告を受ける。そこで秀吉は島津義弘に対し、奉行に銀二万枚を持たせて派遣するのでそれまでは生糸の売買を禁じ、奉行が買い上げたあとの余剰分は諸商人に買わせるものの、買い手が無い場合はすべて召し上げることを朱印状によって通達している（『島津家文書』三八四）。

これは、秀吉（豊臣政権）が銀によって黒船の積荷、この場合は生糸の買い取りを他の者に先んじておこなう、つまり先買権《せんばいけん》の行使を示すものである。しかも、今後は一年に五度、一〇度来航してもすべて買い上げるので、毎年来航して何れの港でも着岸するよう伝えさせている。

このように、直轄地長崎を通じての貿易統制、具体的には先買権を行使する状況をふまえるならば、天正十六年七月に発令した海賊停止令の歴史的意義もおのずと明らかになる。それは、政権が長崎において貿易で入手した商品について、京・大坂まで安定した輸送を実現するための環境整備であり、まさに「政権主導の物流」を貿易面でも実現するため、その障害となる「海賊」らの主体的な活動を禁じるものであった。

こうして大名・国人、そして様々な商業勢力が個別・主体的に進めていた貿易に対して中央政権が統制を加え、その独占（先買権の行使）をはかった。

近年、天正十六年の海賊停止令に先行する初令の存在、その発令時期について様々な意見が出されているが、それが長崎に入港する（外国船も含む）商船に対する肥前深堀氏の狼藉をきっかけに発せられたと理解されているように、貿易に対する妨害行為が発令の一つの根拠になったことは間違いなかろう。

しかし当時は、海関を設けて通行料を徴収するなど、独自の経済活動をおこなう国内「海賊」の存在が「政権主導の物流」の障害となっていたのであり、秀吉としてはその勢力の代表である能島村上氏に圧力をかけて本拠である伊予能島から退去させ、他の海上勢力も陸の領主に帰属させることで、彼らの主体的な活動を抑えようとした。それこそ、政権が一般法令として支配領域全体を対象に発令した海賊停止令（再令）の主旨であり、基本的には国内の海上勢力による海賊行為の禁止と諸大名への帰属を強制したものである。

そして能島村上氏など国内の海上勢力に対する処置を済ませたことで、それに替わって海外渡航船や渡来外国船の海賊行為、そして貿易を妨害する諸活動の停止が新たな政治課題として浮上した。すなわち、国内の海上支配権をめぐる情勢の変化により、政権として取り組むべき課題、つまり法令の主たる適用対象も変化したといえる。

海賊停止令の展開

藤木久志氏は、天正十六年（一五八八）七月の海賊停止令以降の関係法令について秀吉死後も含めて具体的に分析し、「東アジア外交を視野に置いた、唐船・黒船をも含む海賊行為の停止令はくりかえし発動された」としている（藤木久志「海の平和＝海賊停止令」）。そして、「渡唐賊船の取り締まりさえ実現すれば、明側からすすんで勘合《かんごう》の復活提案をもちかけてくるにちがいない」という「豊臣政権の東アジアに関する固有の情勢分析であり独自な外交上の読み」から、「渡唐賊船」の取締りを島津氏に命じた豊臣政権の意図について論じている。氏はそれを「海賊停止令の展開」と表現したが、国内の政治情勢の変化に伴い、海賊停止令そのものの適用対象も変化したと理解することができる。

そしてその変化の兆《きざ》しは、在京中の島津義弘が国元の重臣伊地知《いぢち》重秀に「渡唐賊船」についてて指示した天正十六年十一月二十二日付け書状の頃から認められ、翌十七年一月二十一日には石田三成と細川藤孝が島津義久に対し、島津領から出航する「賊船」について取締りを命じ、島津義弘も一月と四月に伊地知に対して「（渡唐）賊船」の取締りを命じている（「薩藩旧記雑録」）。

また、同十七年と思われる十月三日、秀吉は肥前松浦氏に対し「日本国々の事は申すに及ばず、海上まで静謐《せいひつ》ニ仰せ付けられ候故、大唐より懇望せしめ、相い渡し候進物の船罷り出で候ところ、去る春その方自分領商売船と号し、てつくわいと申す唐人を大将として、八幡《ばはん》ニ罷り越し、彼唐船の荷物海賊せしめ候由、聞こし召され候間、右の商売舟の由申候て、去る春罷出候てつくわい其外同船の輩何も残らず差し上ぼすべく候」という内容の朱印状を発し、「唐船の荷物」に対して海賊行為を働いた松浦領分の中国商船および乗船者の捕縛・連行を命じている（「松浦文書」六一）。さらに同十九年九月には、秀吉が九州の諸大名に対して「大明国がいぼんの船頭、新舟を造り、かいほんの口をあけ、商売の唐船渡海せしむべきの由、用意候ところ、南蛮黒船の者共、薩州において、右新船違乱《いらん》せしむるの由」と記した朱印状（「鍋島家文書」二二）を発給しており、「南蛮黒船」が「唐船」に対して海賊行為に及んでいた事実も確認される。

このように、豊臣政権としては、海外渡航船だけでなく渡来外国船の海賊行為についても厳しく対処し、貿易品を積載する船舶の保護をはかっていた。それは、豊臣政権の財政構造が、海外貿易と密接な関係にあったことを示すものである。

天下人と大名

豊臣政権の金・銀・米運用

豊臣政権の財政基盤としては、政権末期の状況を示すものと思われる史料（「慶長三年蔵納目録」）から、全国各地に設定された蔵入地からの年貢、国内各地の金・銀鉱山や金座・銀座からの運上、その他諸役料が挙げられるが、実はそれに加えて大量の進物があり、これら様々なものを財源として財政運営がおこなわれていた。

羽柴（のち豊臣）秀吉が発給した米穀《べいこく》渡方切符《わたしかたきつぷ》は多数確認できるが、その内容から秀吉の直轄領支配、具体的には金・銀や米の運用について知ることができる。

しろかね《白銀》四十まいのふん《分》、こめ《米》にても、きやう《京》のうりかい《売買》のふんに、四ミつ《清水》九郎二郎

たしかにわたし申すべく候、

天正十一年正月三日　秀吉（花押）

い藤よさいもん（伊藤与左衛門）

（『豊大閤真蹟集』所収文書一四八）

たとえばこれは、秀吉が伊藤与左衛門（吉次）に対して、銀四〇枚分の米を京都の相場で購入し、清水九郎二郎なる人物に渡すよう命じたものである。伊藤吉次はこの頃、秀吉の直轄領年貢の徴収にあたっていたと推測され、このほかにも吉次宛てで秀吉が発給した米穀や大豆の渡方切符が残されている。文書の発給時期から、この米はその後まもなく始まる滝川一益《かずます》や織田信孝との合戦のための兵粮米と考えられるが、銀での兵粮米調達について、秀吉が直轄領年貢を扱う者に直接命じていたことがわかる。

だいり（内裏）御さくし（作事）の御よう（用）として、八木五百石、京ますのさんよう（算用）をもって、ミんふほうゐんかた（民部法院方）へ、たしかにはかり（量）わたすへきもの也、

天正十三年八月八日（秀吉朱印）

けんちん（賢珍）

（「芦浦観音寺文書」三九）

またこれは、秀吉が内裏の修造について、米五〇〇石分を「京ます」（京枡）の計量により、京都奉行の民部卿法印（前田玄以）に渡すことを、近江国の直轄領代官で芦浦観音寺《あしうらかんのんじ》の僧である賢珍《けんちん》に命じたものである。このことは、秀吉の求めに応じて金・銀や米などの取り扱いを直轄領代官が担っていたことを示すが、加えて内裏修造用に大量の米が使われようとしていたこと、しかもそれを近隣の直轄領年貢で賄《まかな》おうとしていたこと、そしてその年貢米が京枡で正確に計量されようとしていたことなどがわかる。

織田信長の時代には、京都「代官」である村井貞勝の「判升」が計量基準とされていたことをすでにみたが、秀吉はその方式を受け継ぎ、京都の十合枡を「京升」として計量基準に採用したのであり、この容量が土地評価の石高基準として、その後重要な意味を持つことになる。

このように、秀吉の求めに応じて金・銀や米などの取り扱いを、直轄領代官が担っていたことがわかる。

豊臣政権と直轄領代官

秀吉は信長と同様、畿内の直轄領代官に商人やその縁者を多く起用している。たとえば、今井兵部《ひょうぶ》・末吉勘兵衛・長谷川宗仁らであり、今井兵部の場合、伏見城や大坂城の普請奉行も担当した。それは、活発になった金・銀の流通に対して直轄領年貢の米を金・銀に、あるいは逆に金・銀を米に換える才覚（人脈も含む）を持ち、普請奉行として必要な人材・資材の手配や調達が可能な環境にあったためと思われ、だからこそ、彼らはそうした業務を政権から任されていた。

豊臣政権は、主として金・銀と米による財政運営をおこなっており、そのため彼ら直轄領代官が重要な役割を担っていた。また、畿内の京都・伏見・大坂・堺、九州の博多・長崎など主要都市を直轄ないし直轄に近い形で支配し、その地の豪商をつかむことで、国内の物流を自在に動かすことも可能となった。

信長の時代にも、政権基盤が安定した天正年間には、多くの金・銀が中央に集中するようになり、金銀遣いも活発化したが、秀吉の時代にはさらに多くの金・銀が中央に集まり、その動きが一層活発になった。大名・公家・寺社は豊臣政権に対して金銀・小袖《こそで》・生糸などを献上する一方、同様のものを贈答儀礼として相互に授受していた。とりわけ、秀吉が大名邸を訪問する「御成り《おなり》」は、多くの金・銀や貿易品が献上・下賜される儀礼の場であり、それが頻繁におこなわれることで、国内では金・銀や貿易品の大規模な環流が起こっていた。

　それでは、ここで当時の物流を支えた通貨（金・銀・米）について、述べておきたい。

豊臣秀吉と通貨

まず、金は国内通用の高額貨幣であり、国内生産以外のものは輸入に依存していた。また、銀は金と同様に国内通用の高額貨幣であるが、同時に国際通貨として貿易の決済に利用された。そして、米は高い商品性を持つ一方、通貨としても社会で広く通用し、量制の整備によって米穀量を基礎数値とする「石高」の価値尺度化が進んでいた。

　こうした状況のもと秀吉は、銭貨の鋳造（恩賜用銭貨の鋳造を除く）こそおこなわなかったものの、金・銀貨の鋳造には積極的に取り組んだ。すなわち、京都上京の金工職人である後藤徳乗《とくじょう》に命じて十両大判、いわゆる天正大判を鋳造させるが、それは重量と品位を中央政権が保証した法貨であった。なお、この大判については「天正十六年」の墨書を持つものが伝来していることからも、長らく同年が鋳造開始年とされていたが、実際には前年の天正十五年（一五八七）からすでに存在していたことが複数の史料で確かめられる（『兼見卿記』、川戸貴史「一六世紀後半京都における金貨の確立」、「京都十六本山会合用書類」）。一方、銀貨の公鋳については金貨より若干遅れ、文禄年間のものが知られるが、その背景には朝鮮出兵に伴う銀貨需要の高まりがあったものと思われる。なお、秀吉の有名な金《かね》く

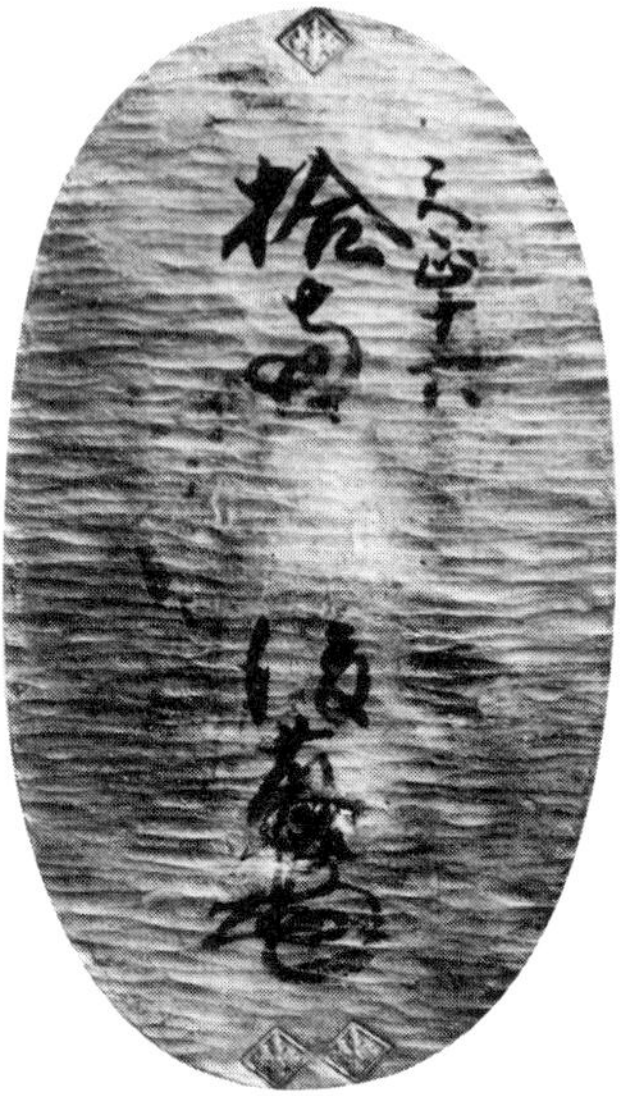
図18　天正大判（原寸の50%，日本銀行貨幣博物館所蔵）

ばりは天正十七年五月のことであり、聚楽第で公家・大名らに金六〇〇〇枚、銀二五〇〇〇枚を分け与えている（「鹿苑日録」）。

毛利輝元の上洛と銀

関白となった秀吉のもとには、国内各地の大名が自ら出向き、臣従の証《あかし》を立てた。

豊臣政権に服属した毛利氏も、大坂ないし京都に上って秀吉に拝謁するとともに、政治外交や政界工作の一環として、豊臣政権をはじめ中央政界の各方面に莫大な量の銀の進物をおこなった。

たとえば、秀吉が関白になった年である天正十三年（一五八五）の暮れ十二月、小早川隆景と吉川元長が大坂城に秀吉を訪ねたが、その際、両者は輝元の名目で一〇〇〇枚、隆景は五〇〇枚、元長は三〇〇枚の銀を献上している（『宇野主水日記』）。また、同十六年の上洛の際、聚楽第を訪ねた七月二十四日、秀吉に対して輝元は三〇〇〇枚、隆景は五〇〇枚、吉川広家は二〇〇枚もの銀を献上している。そして、毛利氏一行の上洛、京での滞在、大和郡山《こおりやま》から大坂を廻って帰国する全行程（七月七日〜九月十九日）について詳細に記した「輝元公御上洛日記」（別名「天正記」）によれば、記録されたものだけでも銀の支出は六〇〇〇枚以上に及び、その多くは朝廷・公家や武家に対する進物であった。

そしてこの上洛で支出した銀の調達方法については、関係史料が残されている。

そもそも毛利輝元は、すでに天正十四年の時点で上洛の意思を固めていたが、翌十五年の九州国分《くにわけ》後に九州北部（肥前・肥後・豊前）で勃発した国人らの一揆鎮圧に専念させるという、秀吉の意向により上洛は延期されていた。そのため、十六年四月におこなわれた後陽成天皇の聚楽第行幸には参加できず、同様の理由で上洛しなかった九州の諸大名とともに七月、初めて中央政界に登場した。そしてこの上洛において毛利氏は、朝廷（公家）や豊臣政権関係者（武家）への進物などで、大量の金や銀を費やした。

急度申し候、大坂に至り七月ニ上洛の銀子一万枚短束《たんそく》候、大かたの心遣候、其元の段銭来年までのを以て、銀子調《ととの》え候様、申し付くべく候、前後此時に候、むりわさニ申し付くべく候、此の時短束候、驚き入らず候、銀子所持の者どもは申すに及ばず、心遣い致すべく候、追々申すべく候、先ず申し候、謹言、

五月廿七日　　　　　　　てる元公御判

湯　平左

（「譜録　湯川三郎左衛門常春」）

これは、天正十六年の毛利氏の上洛に先だって、周防四郡（大島・玖珂《くが》・熊毛・都濃《つの》郡）における段銭の賦課・徴収を井上就正とともに担当（周防四郡段銭奉行）していた湯川元常に対して、輝元が上洛費用をどのように調達させていたのか、その内容がわかるものである。それによると、「上洛の銀子《ぎんす》一万枚（中略）其元の段銭来年までのを以て、銀子調《ととの》え候様」とあり、輝元は上洛費用として銀一万枚を計上し、そのため翌年の段銭まで利用して銀の調達を命じていたことがわかる。「銀子所持の者ども」（銀を多く所有する富者）から、いかに銀を出させるか、段銭奉行はその手腕が試されていた。また、周防二郡（佐波《さば》・吉敷《よしき》郡）と長門一国の段銭の賦課・徴収を担当する山口奉行に対しても同様に、輝

元から銀の調達がしばしば命じられていた（「譜録　国司木工信処」）。

又申し候、とら《（虎）》・ひやう《（豹）》の皮候ハヽ、給うべく候、頼み申し候〱、かしく、

追々申し候、今度上洛の儀、数代の珍儀に候、此の時候条、御方別して御短息頼み存じ候、せめて銀子百枚御貸しあるべく候、返弁の儀申し付くべく候、前後肝心の所に候間申す事に候、其元今ほと御不弁の段も淵底候へとも、御短束候てはたと頼み存じ候、古今稀儀に候、御分別の前に候〱、此の為重畳申し候、恐々謹言、

右馬

輝元御判

六月四日

林泉軒《（山内元興）》

まいる

（『萩藩閥閲録』巻一一一　山内長五郎10）

またこれは、天正十六年七月の上洛に先立つ六月四日に、大内氏時代に長門国守護代であった内藤興盛の末子で、内藤隆春の弟でもある林泉軒（山内元興）に宛てて発給された毛利輝元書状である。「今度上洛の儀、数代の珍儀に候、此の時候条、御方別して御短息頼み存じ候、せめて銀子百枚御貸しあるべく候」という文言からも明らかなように、この

たびの上洛が「数代の珍儀」であることを強調して格別の支援を求めており、「銀子百枚」の借用と、虎皮や豹皮の提供を懇願している。

　これはすなわち、豊臣政権をはじめ、中央政界の各方面に対する献上銀や進物の多くを、これら有徳人《うとくにん》（富裕者）に依存していたことを示すものである。

　このように、毛利氏が財政上必要とした銀は、石見銀山の産出銀のほかにも様々な方法で調達したが、直轄領年貢や防長段銭を担保に有徳人から借用するやり方が特に有効で、それに依存する傾向は元就時代から輝元時代まで基本的に変わらず、その状況からなかなか抜け出せずにいたと推測される。したがって広い領域を支配する大名権力であっても、増加する一方の財政支出に対応できる安定した財源はなく、有徳人の経済力に依存する財政構造であった。

毛利氏領国における銀の浸透

　それでは、この時期の毛利氏領国における銀の普及状況について確認したい。

　天正年間に、出雲国内の厳島社領の年貢が銀納されていたことはすでに述べたが、天正十一年（一五八三）六月には周防山口の町屋敷が「銀子伍（五）百目（匁）」で譲渡された事例がある（「横屋文書」）。また、天正十四年頃に毛利氏が惣国《そうこく》検地に先立って実施した所領付立《つけたて》（領地の一覧）の徴収では、出雲の国衆赤穴《あかな》氏が自身の所領について銀で見積もった数値（銀高）によるものを提出しており（「中川四郎氏所蔵文書」）、天正年間には毛利氏領国で銀が社会に浸透しつつあった様子がうかがえる。

また、天正十五年には先述したように、厳島社で千部経《せんぶきょう》読誦《どくじゅ》の法会《ほうえ》が挙行されている。その際、「入目付立《いりめつけたて》」（経費リスト）がその当時、石見銀山奉行であった林就長の名前で作成（「厳島野坂文書」一三一三）されているため、法会の財源に石見銀が充てられていたと思われるが、ここでは特にその用途について注目したい。

すなわち「入目付立」によると、法会に参加する「御経衆」一一〇人・「経奉行預り」四人・「管絃衆」九人・「宮仕衆」一〇人に支給する米と銭のほか、日々の「てん進（点心）」（食事）に必要な経費を書き上げ、その米銭合計に対し、米は俵別三匁五分、銭は貫別三匁という換算基準のもと、合計銀一貫九〇〇目（匁）（板にして四四枚七匁）という費用を算出している。

もし仮に、この「入目付立」に従って支出されたのであれば、提供された銀が米や銭に換えられ報酬として支給される一方、点心の調理に必要な食材や燃料の調達にも使われたことになり、それは銀の社会浸透につながるものであったといえる。

貢租換金市場の成立

豊臣政権が成立した一五八〇年代には、各地の領国市場で毛利氏領国における銀のように、金もしくは銀が流通していたが、大坂と京都を二つの核とする中央市場では、金と銀の両方が活発な動きを見せていた。

先に、毛利輝元一行の上洛時、毛利側から中央政界に大量の銀が流れていた状況を述べたが、これは他の大名の場合でも同様であり、統一政権の誕生以降、金・銀の中央集中が顕著になった。諸大名が豊臣政権関係の武家のほか、朝廷関係の公家、そして有力寺社などに献上・奉納（寄進）した金・銀は、贈答に利用されたものを除くと、多くが高額商品の購入を通して市場《しじょう》に投下されたものと思われる。

その場合、購入された高額商品は、武具・装束《しょうぞく》・工芸品などさまざまであった。そしてそこには、統一政権である豊臣政権の誕生により、武家・公家・寺社勢力など異なる社会集団（諸権門）が、政権と緊密な関係を持ちつつ自己の存続をはかるために、それぞれ固有の社会的役割を主張する意味合いから自身の「権威」を示し、それを高めようと、それが可視化《かしか》（目に見える形で表現）できる「儀礼」（年中行事・祭祀《さいし》・法会《ほうえ》など）の場を重視し、そこで必要となる多様な品々を金・銀で入手する必要があったものと思われる。

このように、諸権門はそれぞれ「儀礼」を通して自身の「権威」を示し、それをさらに高めようとする動きを見せた。その場合、「儀礼」を主催、あるいは「儀礼」に参加するために身につける装束や装飾品、部屋飾りの調度品《ちょうどひん》、時宜《じぎ》にかなった進物《しんもつ》などを用意する必要が生じる。すなわち、正月儀礼をはじめとする年中行事に参加する際や、自邸に招いた賓客《ひんきゃく》を応接する場合など、それ相応の格式を守ることが求められた。また、当時は社会的な地位や身分を越えて参会する場として「茶会」がしばしば催されたが、そうした交流を維持するためにもそれ相応の道具類をそろえる必要があった。したがって、「権威」を保ち、「儀礼」の場を演出する上で必要な品々を取りそろえるために高額貨幣である金や銀が使用されたと思われる。

そして、高額貨幣で購入される高額商品は外国産品と国内産品に大別できるが、後者の場合、京都の伝統技術に習熟した職人の手になる工芸品であろう。したがって、これら商品に対する需要の高まりは、伝統的な手工業技術をよみがえらせるとともに、西陣織《にしじんおり》のような新たな手工業技術の発展をうながしたと思われる。

こうして中央市場（大坂・京都）には、多様な高額商品の購入を通して大量の金・銀が供給された。しかも豊臣政権期の大坂や京都には、城下町建設や都市改造のため大名家臣や商人・職人、そして普請人足などの流入により人口が大幅に増加し、米などの食糧需要が急速に高まっていた。その結果、中央市場（大坂・京都）は、国内各地から運び込まれた年貢米などが売却されて金・銀に換えられる、まさに貢租換金市場《こうそかんきんしじょう》として、この時期急速に発展を遂げたのである。

ルソン貿易の活発化

豊臣政権が誕生した一五八〇年代には、特に規制の無い中、海外に渡航する日本人が急増した。とりわけ、明の海禁政策の緩和以降、福建商人など中国商人の渡航が活発となったフィリピン（ルソン）に向かう日本商人の渡航が特に顕著であった。その場合、日本船が積載する品物としては小麦・穀物粉など食料品が多く、ほかに牛馬・刀剣・銅・水産物があった。

アントニオ・デ・モルガの『フィリピン諸島誌』によると、スペインが占拠する前から一五七〇年代初めまで輸入品の第一位は銀であったが、八〇年代から九〇年代には銀が重要品目の中から姿を消した。すなわち、銀箔《ぎんぱく》は日本から搬出されたものの、銀そのものはフィリピンに輸出されなくなった。それは、スペイン人によってメキシコの豊富な銀がフィリピンにもたらされたため、日本から多量に輸入する必要が無くなったことによる。

したがって、八〇年代以降の日本からフィリピンへの輸入品としては、小麦・穀物粉・水産物などの食料品が上位を占めた。一方、フィリピンから日本への輸出品のうち終始変わらなかったのが金であり、金は生糸・絹織物とともに常に上位を占め、鹿皮・蠟《ろう》・蜜・蘇木《そぼく》がそれに続いた。したがって、豊臣政権期に日本国内で流通した金・生糸・絹織物の多くが、フィリピンとの貿易によってもたらされたものと思われる。

そして朝鮮出兵に先立ち、フィリピン総督のもとに秀吉の朝貢要求の書簡を届けた原田孫七郎は、当時マニラに頻繁に渡航してフィリピン貿易をおこなっていた原田喜右衛門の関係者と思われ、秀吉が貿易商人を外交交渉に利用したものといえる。しかもそれは、原田喜右衛門のフィリピン侵攻の提言を、長谷川宗仁が秀吉に取り次いだ結果と伝えられる。

一方、フィリピン総督は、秀吉の侵攻計画について原田らに尋ねて日本船の襲来を予測し、警戒を厳重にした。そして、マニラ在住の多数の日本商人から武器を取り上げ、彼らをマニラ市外の地に移して商売をさせた。このことからも、すでに多くの日本商人がマニラで生活していたことがうかがえるが、まさにこうした人々が日本のフィリピン貿易を支えていたものといえよう。

第一次朝鮮出兵と講和・休戦期

交通・輸送体系の一元化

朝鮮出兵は、豊臣秀吉自身が「唐入《からい》り」と表現しているように、もともと明への侵攻を目的に始められたのであり、明を中心とする東アジアの国際秩序・貿易秩序の再編をもくろむものであった。そしてこの朝鮮出兵が、中近世移行期における海運の構造的変化をもたらす契機となった。

天正二十年（一五九二）四月に始まる第一次朝鮮出兵（文禄の役）において、国内各地から軍勢発進基地である肥前名護屋《なごや》に大量の米が回漕されたことはよく知られているが、実は材木も大量に運ばれた。たとえば秀吉は、土佐の長宗我部氏に対し、大船建造のため檜材について本数・寸法・使用箇所を指定した上で、名護屋の寺沢志摩守（広高）のもとに届けるよう命じている（「香宗我部家伝証文」）。そして、朝鮮出兵時に諸大名に命じたこうした大船建造が、近世の大規模物流を可能にする大型船舶の登場につながった。軍勢発進基地である名護屋には、全国から多数の将兵が集結し、兵粮米や材木など軍需物資も運ばれるなど、それまで列島各地で独自の展開を見せていた交通・輸送体系が、臨戦態勢下で一元化することになった。

諸大名は秀吉から造船、材木の搬出・輸送、鉄や碇《いかり》の供出、そして舟大工《ふなだいく》の派遣など、人や物の海上輸送に必要な船の徴発を頻繁《ひんぱん》に命じられた。それは、当時国内各地で展開していた物流の現状を中央政権が把握し、再編成する契機となったが、同時に統一政権により従来の海上活動を否定された国内「海賊」が諸大名のもとに船手《ふねて》として編成され、それまで独自に貿易・交易活動を展開していた国人もまた家臣として大名権力に組み込まれたことで、彼らの主体的な経済活動は大きく後退した。

さて、天正二十年十一月朔日付けの豊臣秀吉朱印状は、国内各地から肥前名護屋に向けて米の回漕をおこなうために、船舶輸送の運賃を定めたものである（『浅野家文書』二六一）。そこには、備前をはじめ播磨・讃岐・伊予・淡路・安芸・備後・備中の瀬戸内海周辺諸国のほか、能登・越前・若狭・但馬など日本海沿岸諸国、そして九州肥後の国名が見受けられる。また、大坂・下関（「せきの戸」）・博多・敦賀《つるが》などの港湾都市もそこに含まれており、これらの場所が米を集積・積載する地点であったと思われる。

このことから、朝鮮出兵に伴い、全国各地から肥前名護屋に兵粮米の回漕がおこなわれ、それまで列島各地で個々に展開していた交通・輸送体系が臨戦態勢下で一元化されていった様子がうかがえる。しかもそこでは、博多と名護屋、そして公儀買い上げによる米の銀相場がそれぞれ定められており、軍勢発進基地である名護屋に米が集中するよう当地が高めに設定されていた点が注目される。

『大和田重清日記』にみる銀遣い

さて、当時の国内における通貨状況がわかるものに『大和田重清日記』（文禄二年四月十八日〜十二月晦日）がある。それは、肥前名護屋に出陣した東国大名の佐竹義宣《さたけよしのぶ》が秀吉から帰国を許され、九州から本国常陸《ひたち》まで帰る行程について、義宣に従った家臣大和田重清《おおわだしげきよ》が詳細に記録したもので、名護屋滞在中から帰国の道中、そして水戸での生活の様子がわかる。しかも、経理担当の立場で、道中各所での銭や銀の遣い方を具体的に書き留めている点が貴重である。

盛本昌広氏は、この史料を素材として西国における銀遣いの浸透過程を分析しているが、それによると佐竹氏は、京に滞在する家臣の中田若狭守のもとへ常陸から金を送らせ、そこで銀に両替させ、それをさらに名護屋まで送らせていた（盛本昌広「豊臣期における金銀遣いの浸透過程」）。そして、日常的な支払いに必要な銭は、唐津など各地の経済拠点で銀を両替して入手していた。

また、帰国前には佐竹氏の命により、多額の銀と購入品目録を預かって長崎に出かけ、ポルトガル商人と交渉して大量の商品を購入している。それは中国産の絹織物のほか、麝《じゃ》香《こう》・沈香《じんこう》・蘇芳《すおう》・樟脳《しょうのう》など東南アジア産の香料・染料・薬、そして鉄炮・硝石などの武器・火薬原料で、基本的に外国産品であった。

そして帰国途中の京都では、やはり佐竹氏の命により大量の商品を購入し、銀で支払っている。その多くは絹織物だが、外国産品だけでなく西陣《にしじん》などで生産された国内産品も含まれていたと思われる。その点で、「下緒《さげお》」（日本刀の鞘《さや》の紐《ひも》）・「梨鞍《なしぐら》」（梨地《なしじ》の鞍《くら》）など、京都の伝統工芸品も銀で購入されていた点が注目される。また、ほかにも博多や下関、そして堺で、商品購入や渡船料・食事代の支払いに銀が使われていたことがわかる。

なお、下関から山陽道の道中はすべて銭遣いであるが、各地で銀を両替して銭を入手する際、一貫文あたり約一〇匁の換算である点からすると、これらの銭は皆比較的高い価値水準のものであり、旅行途中で用いる銭の場合、どこでも使用可能なように、良質の銭が利用されていたことがうかがえる。

また、石見津和野《つわの》の吉見元頼《よしみもとより》が毛利氏の陣営に加わって朝鮮に渡海して転戦する様子を家臣の下瀬頼直《しもせよりなお》が詳しく書き留めた『朝鮮陣留書《ちょうせんじんどめしょ》』（天正二十年三月～文禄二年四月）は、朝鮮の戦場（開寧・漢城など）における銀遣いの様子が、断片ながらわかるものである。そこでは、「公儀」（豊臣政権）から米だけでなく「御月俸」として銀が支給・配分されていた様子、大名毛利氏も配下の武将に「月俸銀」を支給していたことがわかる。

『朝鮮陣留書』にみる銀遣い

秀吉は、朝鮮出兵の軍資金として博多御公用銀《ごくようぎん》を鋳造させたといわれるが、博多での米買上げなどを通じてこれらの銀が市場《しじょう》に投下され、銀の流通量が増加したと思われる。石州銀をはじめ、「文禄」の年号を持つ灰吹銀が今日まで伝来しているが、「御月俸（銀）」「月俸銀」などの事例は、鋳造目的の一つを示すものとして注目される。

なお、朝鮮の戦場で銀を使っていたのは将兵だけではない。『言経卿記《ときつねきょうき》』文禄三年（一五九四）三月二十九日条には、大坂船場《せんば》の町人が朝鮮の地で安芸国出身の「百姓」に前年貸した銀の取り立てをおこなった事例について記録している。銀取り立てについて、毛利氏の代官から豊臣秀次《ひでつぐ》朱印状の発給が要請されている点から、この「百姓」は単なる農民というよりむしろ大名権力と緊密な関係にあった者、もしかすると御用商人（の関係者）であった可能性もある。

いずれにせよ朝鮮出兵は、日本各地から戦闘員だけでなく非戦闘員も渡海させ、戦場における物資調達の一端を担わせていたものと理解され、そこに銀の流れが存在したと思われる。

講和・休戦期

豊臣政権の権力構造や国内における経済構造が大きく変化する画期として注目されるのが、二度にわたる朝鮮出兵の狭間《はざま》である文禄二～五年（一五九三～九六）、いわゆる講和・休戦期である。

ただ、講和・休戦期といっても直接的な戦闘がおこなわれていないだけで、朝鮮半島南部沿岸に日本軍によって築かれた多数の城郭、いわゆる「倭城《わじよう》」では、多くの在番将兵が駐留しており、最前線は依然臨戦態勢にあった。

図19　博多御公用銀（原寸の50%，日本銀行貨幣博物館所蔵）

当時の日本国内における政治情勢としては、文禄二年八月に秀吉の実子である拾《ひろい》（のちの秀頼）が誕生し、それにより太閤秀吉と関白秀次の関係がしだいに悪化、同四年七月ついに秀次が謀反《むほん》の疑いで高野山に追放され、その後切腹を命じられた。そして八月には京都三条河原で秀次の妻子など三十余名が処刑され、関係者多数が処分された（秀次事件《ひでつぐじけん》）ことにより、太閤独裁体制が誕生した。その結果、中央集権化がいっそう進み、その後も大坂城の拡張（第三期）や地震により倒壊した伏見城（指月《しげつ》山城）の新たな場所での再建（木幡《こばた》山城）、さらには淀川堤の工事など大規模普請が次々に、軍役として諸大名に課せられた。

金銀運上体制の確立

実はこの時期、国内の諸鉱山から金・銀が豊臣政権のもとに集中する、いわば金銀運上体制が確立する。その結果、豊臣政権は、国内各地の金銀主要鉱山を、諸大名を通して掌握することになる。

其方分領中、石見国先銀山の外、所々これある分銀子の事、其方林肥前守・柳沢監物両人ニ申し付けられ、取り集め運上あるべく候、猶浅野弾正少弼申すべく候也、

正月十八日（秀吉朱印）

羽柴安芸宰相とのへ

其方分国中出来の銀子山運上の儀、相易《か》わらず奉行申し付けらるべき旨、仰せ出され候ところニ、則ち下代《げだい》として林・柳沢両人申し付け、御公用運上油断あるべからざる旨、もっともに候、それにつき銀子参百枚到来、悦び思し召し候、猶浅野弾正少弼申すべく候也、

卯月廿五日（秀吉朱印）

羽柴安芸宰相とのへ

（『毛利家文書』九三七）

（『毛利家文書』九三八）

これは、秋山伸隆氏によって文禄三年（一五九四）のものと推定された毛利領国内の銀山に関する史料である。氏によれば、「石見国先銀山」は石見銀山そのものを指し、秀吉は宛名の「羽柴安芸宰相」、すなわち毛利輝元に石見銀山以外の領国内銀山で生産された銀を取り集めて上納することを求めており、その業務を毛利氏家臣である林肥前守（就長）と柳沢監物《けんもつ》（元政）に命じた。

このうち林就長は、もともと毛利元就の側近で石見銀山奉行であったが、柳沢元政は足利義昭の家臣から毛利氏家臣に転身した経歴を持ち、当時在京（在伏見）して豊臣政権に

対する窓口的業務を担当していた人物である。

このことから、豊臣政権が毛利領国内の銀山収入の一部を毛利氏の責任で上納させる体制を築いていたことがわかる。そして実際、残された史料によると、慶長二年（一五九七）七月朔日に「新銀山御公用」として備中・備後・出雲・石見・安芸・長門・周防七ヵ国分の一〇〇〇枚、また同年十二月二十八日に「新かな山銀子」として同じ七ヵ国分の二〇〇〇枚の銀を、秀吉が柳沢元政から受け取っている（『萩藩閥閲録』巻二一　柳沢靭負73・74）。

当時秀吉は、但馬生野銀山をかつての信長と同様に直轄領として支配する一方、国内の他の金銀主要鉱山も公儀所有という名目のもと、生産された金・銀の一部を諸大名から上納させており、毛利氏領国に対してもそれを適用した。

また、同年十二月には浅野長吉（のち長政）が上杉景勝の重臣直江兼続《なおえかねつぐ》に対し、「越後・佐渡両国の内、銀子・鉛出申すべき由この者申し、見立《みたて》ニ相越し候間、其方よりも、奉行仰せ付けられ御覧有るべく候、銀子出申すニおゐてハ、その上言上致すべく候」とあるように、銀・鉛の産出情報により、越後・佐渡両国での銀山開発の可否を判断するため「見立」（鉱山の選定人）を派遣しているほか、翌四年正月には石田三成に対し「越後・佐渡両国金山の儀、中納言殿（上杉景勝）へ仰せ付けられ、かくの如く御朱印なされ候、時分柄にて候間、急ぎ金子御掘らせなされ候へく候、中納言殿へ仰せ達せらるべく候」と書き送っており、越後・佐渡両国の金山を上杉景勝に預けて金（金鉱石）を採掘させていることがわかる（「長井文書」「舟崎文庫所収文書」）。

さらに文禄四年にも、「西伯耆国の内、日野山ニ銀子出来の儀、見立の段尤に候、早々これを掘らせ、有様に付記し、御公用取沙汰せしめ、これを運上すべく候也」と、西伯耆の日野山で銀が産出したとの情報に接した秀吉が亀井茲矩《これのり》に対し、早く採掘してその状況について報告させ、御公用として銀の運上を命じており、翌五年には「伯州日野の内銀山の事、執沙汰せしめ、銀子出来次第運上せしむべく候也」と、日野銀山における銀の上納を吉川広家に命じている（「石見亀井家文書」㊹（四〇号）、『吉川家文書』七九二）。

なお、年不詳だが、「石見亀井家文書」の中には「南膽普州の中、日本国山陰道、因幡の国鹿野河内鳩林山、今日金銀湧《わ》き出ずる初め也、末代の富貴、日本第一の宝山、予の子孫繁昌の国、天下において耳目《じもく》を驚かし、まさに金銀山となるべし、願わくばここに一筆、神の応所に奉ずる也、天神・地神、悪を掃《はら》いて善を挽《ひ》き、万福奇瑞、謹みて拝し奉る所明白なり、敬白」という亀井茲矩の願文《がんもん》が残されている。これは居城の鹿野城付近で金・銀が産出したことを記念し、それが大量の金・銀を産出する「宝山」となることを強く願った内容である。鹿野付近に「河内鳩林山」に相当する山は確認できず、金・銀産出の事実確認も難しいが、鉱山開発を推し進めようとする亀井氏の積極的な姿勢はうかがうことができる。

このように、豊臣政権（秀吉）の経済基盤の一つとして知られる諸国金銀鉱山が、実は文禄年間、つまり講和・休戦期に政権の強い要請のもと積極的に開発が進められ、その結果として生産金銀の一部が諸大名の責任のもとに上納される体制が築かれたことがわかる。

すなわち、生産金銀のうち一定量の金・銀納入を請け負わせることで、鉱山町に居住する有力商人らに鉱山経営（採掘・製錬）や商業活動を権利として認めていた諸大名に対し、豊臣政権は生産金銀の一部を諸大名に上納させることで、彼らの金銀鉱山に対する領有権を認めていたといえる。したがって、太閤独裁体制となったこの時期、国内諸鉱山からの金銀運上体制も確立したと見てよい。そしてそれは、国内諸銀山からの銀運上により、大量の国際通貨を政権が手中に収めることになったことを意味する。

石見銀山と長崎

さて、豊臣政権が石見銀山の産出銀を長崎での貿易活動に積極的に利用しようとしたことがわかる事例がある。その史料を次に示す。

一鉛・塩消（硝）御調のため、長崎江銀子遣わさるニ付き、御蔵米石州へ遣わされ候間、銀子早速相調候様ニ御馳走あるべく候、御奉行として近真吉兵衛尉を差し遣わされ候、様子直談を遂げらるべく候、恐々謹言

三月廿四日　益庵
駒井

林肥前守殿
御宿所

石見江遣わされ候御蔵米の覚
一壱万三千石也

三月廿四日　益庵
駒井

石見山奉行
参

（『駒井日記』）

これは、毛利氏領国内の諸銀山から銀上納が始まった文禄三年（一五九四）に、豊臣政

権が御蔵米一万三〇〇〇石を石見に送り、そこで調達した銀をさらに長崎に送り、軍需物資である鉛や硝石を入手しようとしたものである。その際、御蔵米の所在地については特に記されていないが、石見に米を輸送しやすい日本海側で豊臣直轄領の多い国といえば、越前（一三万石余）・丹波（五万五〇〇〇石余）がまず思い起こされ、こうした地域の御蔵米一万三〇〇〇石を船で長距離輸送して石見で銀を調達し、それをさらに長距離輸送して長崎で鉛や硝石を確保しようとしたものと思われる。

また、後述するが、「秀次事件」直後の文禄四年八月三日、豊臣奉行衆は京都・伏見・堺・大坂の毎月の相場に従って金・銀の運上をおこなうことを起請文《きしょうもん》で誓約しており（「大阪城天守閣所蔵文書」）、これら畿内主要都市における相場の把握に努め、それを前提とする経理を重視する姿勢を政権として打ち出していたことがわかる。

すなわち、豊臣政権は主要都市の相場を把握し、国内の直轄領年貢と金銀鉱山を結びつけることで、必要なものを必要な場所に確保する体制を確立していたといえる。そして、こうした体制を支えるものとして、各種商品の船舶輸送と売りさばきを担《にな》う御用商人、いわゆる「初期豪商《しょきごうしょう》」の存在があった。

東西日本海海運の統合

講和・休戦期は、統一政権によって強権的に形成された物流がまた新たな海運を生み出す時期でもあった。

たとえば、文禄四年（一五九五）五月に石見温泉津の有力商人である木津《きづ》屋《や》が、加賀宮腰《みやのこし》の竹内新右衛門に能登一宮で積んだ米の船舶輸送を依頼した事例がある（「中島家文書」）。これは、かつて東西の海運の分岐点であった若狭小浜《おばま》を越えて、西日本海海運と東日本海海運が直接結びつく形で米輸送がおこなわれていたことを示すもので、豊臣政権が創出した大規模な物流がそれまで列島各地で展開していた地域的海運を統合に向かわせる契機となった状況がうかがえる。

周知の通り、加賀宮腰や石見温泉津はその後、近世北前船《きたまえぶね》の寄港地となる港であり、その意味で幕藩体制下の流通・交通体系は、豊臣政権期すでにその原型が成立していたといえる。そして統一政権下、列島規模で海運統合が進むなか、中央政権や諸大名と緊密な関係を築き、隔地間《かくちかん》の価格差を巧《たく》みに利用する交易によって経済成長を遂げる、いわゆる「初期豪商」が各地に登場した。

金銀相場の把握

文禄年間は畿内主要都市で金・銀の流通が活発となり、高い商品性を持つ米との間に相場が成立する時期である。そして、豊臣政権はこう

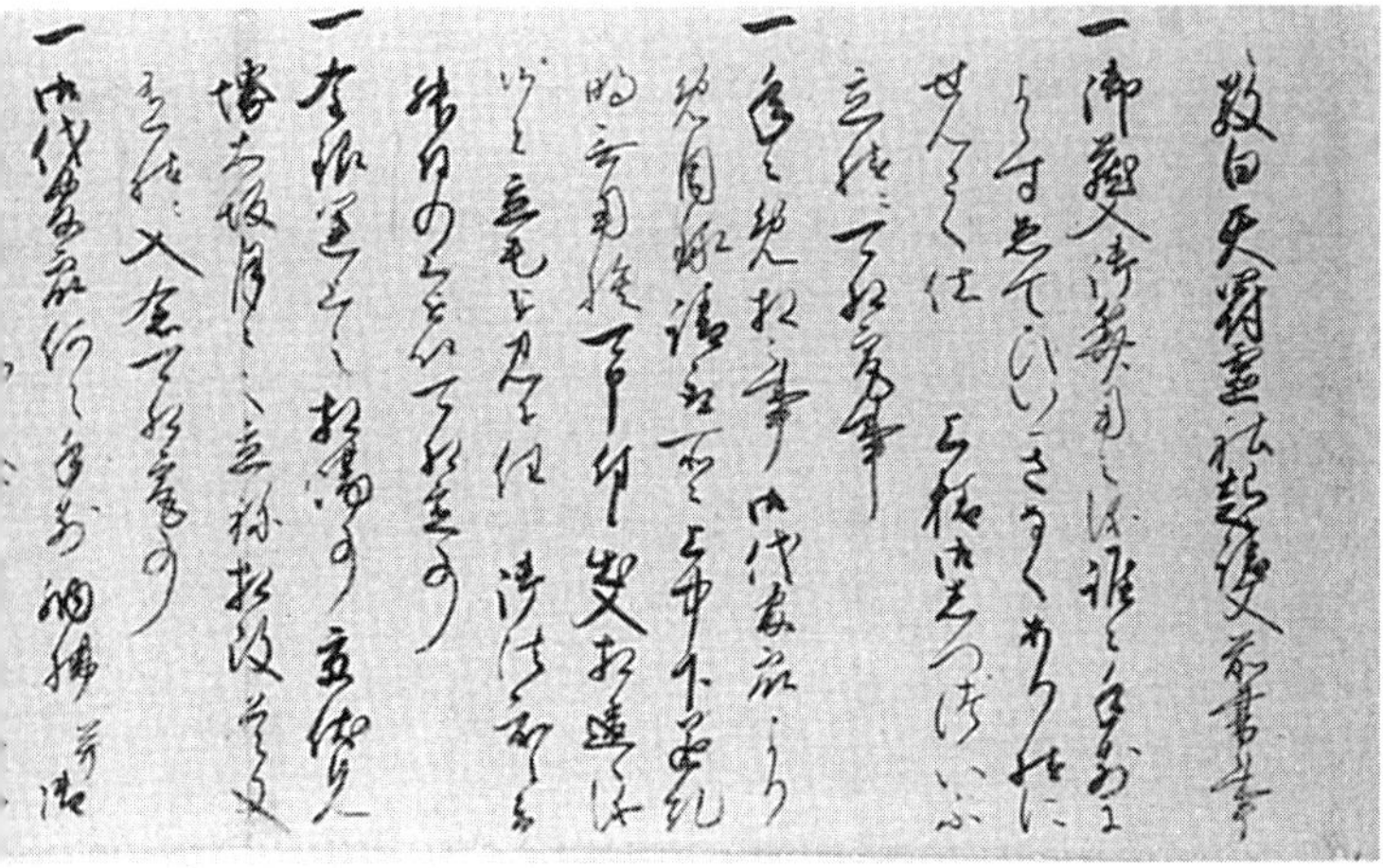

図20　前田玄以・増田長盛・長束正家血判起請文
（大阪城天守閣所蔵）

した相場の掌握に努めた。

文禄三年（一五九四）三月、太閤秀吉から前田玄以《まえだげんい》・増田長盛《ましたながもり》・長束正家《なつかまさいえ》を通して「御蔵入方」についての問い合わせが関白秀次側にあり、駒井重勝が伏見城（の秀吉）に提出した「御算用立の覚」十三ヵ条の第九条には「金銀米銭の事、毎月京中米屋方より相場書付を取り、それに随《したが》う事」と見える（『駒井日記』）。これは、毎月京都の米屋から知らされる相場情報に従って金・銀・銭、そして米の取り扱いをおこなっていたことを示すものである。

また、先述した秀次事件直後の文禄四年八月三日付けで前田玄以・増田長盛・長束正家が提出した御蔵入算用に関する五ヵ条

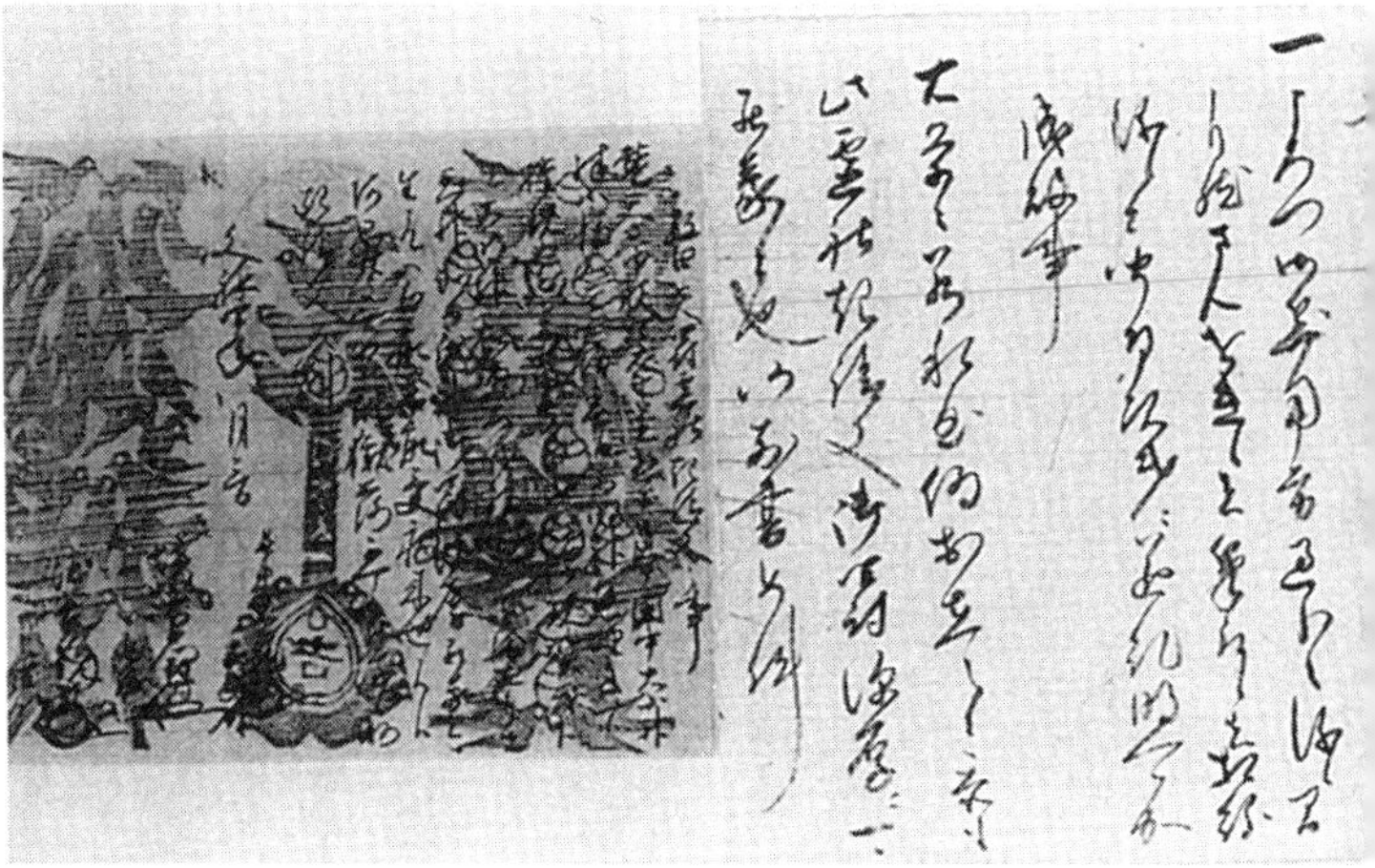

の血判起請文第三条には「金銀運上の相場事、京・伏見・堺・大坂月々の立ね（値）相改め、これまた有様に入念に相い究むべき事」と記されている（「大阪城天守閣所蔵文書」）。これは、金・銀の運上について、京・伏見・堺・大坂の毎月の相場をふまえて実施することを誓約したものである。

　こうした事例から、豊臣政権が直轄領の年貢収納・会計処理について毎月の相場を重視していた姿勢がうかがえるが、それが秀次事件後に開始されたのではなく、すでにその前年から京都の米屋の相場を重視し、秀次事件後は、京だけでなく伏見・堺・大坂の相場も勘案するなど、畿内主要都市の相場を広く把握しようとした状況が読みとれる。このように、金・銀・米の相場を重視する豊臣政権の蔵入地支配は、秀次事件以前からすでに始まっていた。

そして、国内各地に設定された御蔵入地（豊臣直轄領）を預けられた者はもちろん、領国内の年貢米を上方《かみがた》に輸送して売却し、それを金・銀に換えようとする諸大名も、必然的に畿内主要都市の相場に強い関心を持つことになった。こうして上方市場が貢租換金市場《こうそかんきんしじょう》として発展を遂げる一方、国内各地の領国市場では中央市場の（相場）動向に左右される状況が生まれたのである。

また、同じ時期、金銀貨生産に対する豊臣政権の積極的な姿勢が見受けられる。

金銀貨生産の統制

まず、文禄三年（一五九四）四月に「大坂銀ふき」（銀製錬）に対する秀吉の「御改《あらため》」（調査）が実施され、二〇名の者が（大黒）「常是《じょうぜ》」座に編成された（『駒井日記』）。その際、座を構成するそれぞれの者に「太閤様御朱印」が下されており、この組織編成が秀吉自身の意向によっておこなわれたことがわかる。

また、翌四年五月には「金子吹」（金製錬）について二七名の者が命じられており（「後藤文書」）、先の「大坂銀ふき」（銀製錬）の事例とあわせて考えると、金・銀貨の製造について豊臣政権、実質上は秀吉による統制が相次いで実施されており、それは秀次事件の前年に始まり、事件後さらに進められたといえる。

このように、中央政権が国内の主要金銀鉱山を掌握し、金銀運上体制が確立するのと同じ時期、金銀貨鋳造者の組織編成が政権によっておこなわれたのであり、江戸時代の金座・銀座の原型がここに誕生した。

かつて織田信長は、金・銀の通貨としての使用を、銭との換算基準を示しながら中央政権として初めて公認したが、豊臣秀吉の場合は、重量と品位を政権として保証する法貨を鋳造・発行したのであり、そこに金銀貨の制度化への志向性が認められる。そして、豊臣政権によって品位を保証された金・銀は、時の中央政権に通貨としての信用を与えられたのであり、一五八〇〜九〇年代の土地取引などで見られた支払手段の米から金・銀への緩やかな転換は、こうした背景によるものと思われる。

なお、徳川家康は、文禄二年に後藤庄三郎を江戸に招き、武蔵墨書小判《むさしぼくしょこばん》・駿河墨書小判《するがぼくしょこばん》・額一分金《がくいちぶきん》などをつくらせたとされるが、これがのちの慶長金貨につながっていく。

中央政権の全国支配、すなわち豊臣政権の諸大名に対する支配が強化されたこの時期、諸大名自身の領国支配も同様に強化されたが、それは中央政権が賦課する様々な公役に対処するためでもあった。

文禄期諸大名の領国支配

中野等氏の研究によれば、豊臣取立大名の加藤清正は講和・休戦期に支配体制（年貢収奪）の見直し・強化を進め、軍事用の船を確保するため、造船や領内廻船の悉皆調査を実施して領主主導の輸送体制を構築したとする（中野等「領主的輸送体系の形成過程―豊臣期の領主財政と朝鮮侵略戦争の遂行―」）。また、森山恒雄氏の成果をふまえて中島楽章氏が明らかにしたように、清正は文禄二年（一五九三）にフィリピンに「唐船」を派遣、領内の小麦などを輸出して軍費調達をはかっている（中島楽章「十六世紀末の九州―東南アジア貿易―加藤清正のルソン貿易をめぐって―」）。

実は、西国大名の毛利氏も、この講和・休戦期に領国支配の強化をはかっている。まず、文禄三年に石見銀山で「銀山改《あらた》め」を実施している。それは毛利氏による銀山に対する初めての本格的な実態調査であり、給人や寺社の知行（権益）に対する石高設定を伴うもので、おそらく銀の収奪強化を念頭に置く施策であったと思われる。しかもこの「銀山改め」を実施したのが、毛利氏が領国内諸銀山からの産出銀を豊臣政権に上納する体制の確立と同じ年であったことが注目される。

また、文禄四年には毛利氏が領国内の要所を公領（直轄領）とし、代官を任命している。そのうち九月の広島周辺における公領代官の設置が広島城の城領を設定したものであるのに対し、十一月の鞆《とも》・尾道《おのみち》の公領代官設置は、朝鮮再出兵を想定し、兵粮補給体制の構築につながる領国市場の整備をめざすものであったと思われる。

このうち鞆代官となった三上元安は、対織田戦争時に大坂本願寺への兵粮補給を経験した輝元直臣であり、尾道代官となった泉屋一相・笠岡屋又左衛門尉は尾道の有力商人であった。そして、このほかにも尾道には、船舶輸送に長《た》けた渋谷与右衛門尉がおり、毛利氏の求めに応じて米や銭を預かって軍需物資など様々なものを調達し、倉で保管、さらには遠隔地に船舶輸送するなど、その活動は多岐にわたっていた（「渋谷文書」）。

毛利領国における文禄石改め

毛利氏は、文禄五年（一五九六）から翌年の慶長二年（一五九七）にかけて、いわゆる「文禄の石改《こくあらた》め」（寺社を含む給人の知行高の再確認作業）を領国全域で実施した。それは、天正十五～十八年（一五八七～九〇）に領国全域で実施した惣国検地の成果をふまえて同十九年以降個別に発給していた知行打渡状を提出させ、その内容を確認した上で改めて安堵するものであったが、その際、知行石高に応じた「礼銀」を徴収している。これは実施時期から考えて朝鮮への再派兵の可能性を視野に置いた、毛利氏の全給人に対する臨時課税の意味合いを持つが、それが銀で徴収されている点が重要である。

すなわち、文禄年間の毛利氏領国では、すでに大名権力が求める銀上納に対応できる銀の流通状況になっていたことを示すものである。なお、収納された銀としては「はいふ（灰吹）き」「文禄銀」「芸銀」「温銀」などの名称が確認され（「寄組 山田家文書」一三二）、多様な銀が当時流通していた様子がうかがえる。

また、文禄末年頃には領国内の「諸浦」調査を毛利氏が実施している。

北前諸浦相改め候に付いて、井上・河原浦浜の事、同前候と雖も、重々理候の条、預け遣わし候、貢用等の儀、改めの如く相調うべく候、猶安国寺申さるべく候、謹言

文五

卯月廿七日　　輝元御判

「村上掃部頭殿」

（『萩藩閥閲録』巻二二一 村上図書32）

これは、毛利氏が文禄五年に「北前諸浦相改《あいあらため》」、すなわち山陰沿岸の諸浦について実態

調査を実施したことを示すもので、直轄領への編入（収公）処置を伴う場合が多かったと思われる。この事例でも、おそらく村上掃部頭《かもんのかみ》（元吉）の権益の一つであった「井上《いがみ》・河原《かわら》浦浜」が「浦改《うらあらため》」の対象になったようで、村上側の度々の「理《ことわり》」（陳情）を受けて改めて「預け遣わ」すこととし、「貢用」（年貢）の上納を命じたものである。すなわち、船舶やその漕《こ》ぎ手の徴発を前提とするこの政策は、かつて自立性の強かった「海賊」能島村上氏の支配領域も対象となるなど、強い強制力を持つものであった。

このように中央政権も諸大名も、講和・休戦期にあたる文禄年間に、兵站《へいたん》補給や船舶輸送の体制整備など、国内支配や領国支配の強化をはかる。これら一連の動きについては、領主の主導性がうかがえるが、一方で船舶などの輸送手段を持ち、流通市場とつながる「初期豪商」の存在はやはり重要で、中央政権・諸大名ともに、その実力に多くを依存していたと思われる。

初期豪商

この時期の中央政権や諸大名は、彼ら「初期豪商」（御用商人・特権商人）と強く結びついており、それにより遠隔地間の物流が展開していた。

そこでその頃の政権・大名・商人の関係について、「るすん壺」（ルソン壺・真壺《まつぼ》）の事例で確認したい。原産地の東南アジアではごく普通の日常生活雑器でありながら、日本国

図21　ルソン壺（彦根城博物館所蔵）

内では茶壺として高値で取引される「るすん壺」を豊臣政権が大量に買い占め、若狭小浜の有力商人組屋《くみや》などを通じて売りさばいていたことはよく知られている（岩生一成「呂宋の壺に就いて」、渡辺基「豊臣氏の呂宋壺貿易について」、岸野久「『るすん壺』貿易の歴史的役割」）が、それは「当代記」（巻二）によると、文禄三年（一五九四）のこととされる。

すなわち、フィリピンへ渡海していた商人が春に持ち帰った大量の壺を多くの者が入手していることを冬に聞いた秀吉がそれらをすべて召し上げ、翌年に元の二倍の価格で金を納めさせたことで壺が元の持ち主に返されたとある。こうしたルソン壺の取引は他の年にもあったと思われるが、文禄三年はとりわけ顕著であったようで、関係史料が残されている。

そこで、毛利氏関係の史料を見ることにしたい。

請け取る金子銀子の事

一弐拾六枚弐両　　金子也
一五枚　　しろかね《白銀》也
　以上　但るすんつほの分也
右、すわう《周防》の国山口のよこや《横屋》弥三《二》郎手前より上、追てさんよう《算用》有るべき也
　文禄三年
　　極月二日　　石田治部少輔《三成》　判
　　　柳沢殿
（『萩藩閥閲録』巻一六四　山口裁判　横屋六右衛門5）

これは、石田三成が当時京都伏見にいたと思われる柳沢元政に与えた「るすんつほ」代金（金二六枚二両・銀五枚）の受取状である。そこで注目されるのが金・銀で代金を支払った人物が、毛利氏と関係の深い周防山口の商人横屋氏であったことである。

横屋氏は、もともと堺商人の系譜を引き、この受取状に見える人物「よこや弥三《二》郎」はかつて毛利氏家臣で横屋家に養子に入った者である。そして、山口に店舗を構える一方、毛利氏の御用商人として度々上京し、秀吉の居城である伏見城やその付近にある毛利家の屋敷を訪ね、中央政権や大名権力と密接に関わりながら経済活動をおこなっていた者と思

われる。

このように当時は、中央政権や地方大名、そして御用商人（特権商人）の間で金・銀・米が動く社会であった。

さて、京都での銀遣いは文禄年間に本格化し、慶長年間には多くの取引でおこなわれ、少額取引でも銀が使用され始めたという（盛本昌広「豊臣期における金銀遣いの浸透過程」）。また、朝鮮出兵時には『大和田重清日記』で見られたように、肥前名護屋に布陣する東国大名が国元から送らせた金を京都で銀に換えたため、文禄・慶長年間の京都では金と銀両方の流通が活発であった。そして在京する諸大名やその関係者は、豊臣政権や朝廷、すなわち武家や公家に対する贈答儀礼をはじめ、様々な交流の場で金・銀を使う頻度が高まったと思われる。

実際、西国大名の領国でも都市的な場では、金・銀の使用が頻繁に見られるようになる。

厳島流入銀の使途

先に述べたように、厳島ではすでに永禄七年（一五六四）に伊勢神宮の御師に対する銀為替の事例が見られるが、元亀二年（一五七一）の厳島社遷宮の用途に石見銀が充てられた頃から、安芸厳島社には寄進や年貢納入を通じて多くの銀が流入するようになる。そしてその銀は、厳島社における神事・法会や高額商品の購入など様々な機会を通じて市場《しじょう》に投下され、社会に拡散・浸透したのであり、厳島社の周辺では、銭から銀への転換現象が見受けられる。

もともと安芸厳島は、瀬戸内海における流通経済の拠点として、外国産品をはじめとする様々な高額商品が活発に取引されていたと思われるが、残念ながら銀での商品購入を直接示す史料はあまり多くない。その点で、文禄四年（一五九五）に大願寺内の保福寺が薬代として銀三匁を支払っている事例は貴重である（「大願寺文書」二五一）。

また、毛利氏時代には、有力社家である棚守《たなもり》家が「越後布」（越後縮《ちぢみ》）、「唐墨《からすみ》」「塩硝」などを進物としていたことが確認される（「大願寺文書」一一八・一三六・二七五・三一五3、「野坂文書」二九二1「厳島野坂文書」一四一三・三三〇）が、これら品々が銀で購入されていた可能性は高い。そして特に注目されるのが、慶長年間における高級絹織物の購入事例である。

棚守家の「被官《ひかん》」（奉公人）として年貢収納をはじめ、様々な実務を担当していた寅菊《とらぎく》松斎《しょうさい》は能役者としても活動していたが、彼は慶長三年（一五九八）に呉服商と思われる「ぬりや良空」から「小袖」などの絹織物を大量に金・銀で購入している（「厳島野坂文書」一五六九・一七七六〜一七七九）。それは、松斎の注文に対して良空が多くの品物をそろえ、その中から松斎が必要なものを選び、不要なものを返却する形で取引がおこなわれているが、その代金が金・銀で支払われている。

すなわち、同年十二月二十五日付けの召物入目注文《めしものいりめちゅうもん》(「厳島野坂文書」一七七九)によれば、総額は銀七〇二匁四分におよび、そのうち四四〇匁が金一枚(銀三四〇匁)と銀一〇〇匁で支払われ、残り二六二匁四分が「未進《みしん》」(未払い)となっている。そしてこれらの品々は、厳島社で開催される舞楽や能で使用される装束《しょうぞく》や、毛利輝元への進物(「殿様の御小袖」)として購入されたと考えられる。

こうして、厳島社内外における銀取引の活発化により銀の社会浸透が進んだ結果、慶長年間にはそれを背景とする新たな社会現象(銭から銀への転換)が確認される。

厳島祭祀料の銀納化

まず、厳島社への奉納内容の変化である。従来、厳島社に奉納される神楽《かぐら》料は、厳島社と客人《まろうど》社の両社で二貫四〇〇文という銭額が大内氏時代から受け継がれていたが、慶長年間には銀での奉納に変化している。すなわち、慶長四年(一五九九)閏三月十七日付けで棚守に宛てた佐世元嘉の厳島社奉納腰物注文には、「銀子六匁御神楽銭二貫四〇〇文分」という文言があり(「野坂家文書」)、銭二貫四〇〇文に相当する銀六匁での奉納、銭から銀への転換の様子がうかがえる。

また同じ頃には、厳島社における各種の祭祀が銀によって執《と》り行われるようになった。すなわち、慶長三年八月に七日間にわたって実施された豊臣秀吉の病気平癒《へいゆ》の祈禱《きとう》では、御神楽・御舞楽・御湯立《ゆだて》・御供《ごくう》の祭祀料がそれぞれ銀七五匁・三六〇匁・一〇八匁・一〇八匁となっている（「厳島野坂文書」一〇四二）。そして、翌年と推定される十二月十九日には、「御舞楽四ツ分御入目」として銀一貫四四〇匁（一ツ分銀三六〇匁）が毛利氏から厳島社に渡されているが、これは秀吉の病気平癒祈禱の御舞楽料三六〇匁と同じ額である（「厳島野坂文書」一一五〇）。しかも、毛利氏が防長両国に移封された後の福島正則時代の慶長十一年正月五日付け厳島社作法請取銀子覚では、「御くう」「御ゆだて」「御ぶかく」の祭祀料において秀吉の病気平癒祈禱の額が継承されていることがわかる（「厳島野坂文書」一六〇七）。

すなわち慶長年間には、厳島社での各種祭祀が銀の奉納によって執り行われ、しかもその額が定額化する傾向が見られた。こうした背景には、銀の広範な流通によって各種の商取引、特に高額取引における銀使用が社会に定着し、高まる銀需要に即座に対応できる流通状況となってきたことによると思われる。

毛利氏領国における銀の浸透

すでに述べたように、文禄五年（一五九六）から翌年にあたる慶長二年（一五九七）にかけて毛利氏が実施した領国内の所領調査（文禄の石《こく》改め）では、知行高一石あたり銀一一匁で算出された「御判御礼銀」が徴収されているが、こうした銀の徴収が可能であった背景として、当時すでに銀が社会に広く浸透しつつあったことがうかがえる。

また同年二月、毛利氏の家臣である岡七兵衛が石津又兵衛に対し、文禄の役以降の普請役や「来六月御馬揃御公役」など度重なる公役負担に耐えきれず、「少給廿弐石余足」の所領を銀二〇〇匁で譲渡している（『萩藩閥閲録』巻六二 石津助之允7）が、これも給地売買が銀でおこなわれる社会状況となっていたことを示すものである。

そして、慶長元年、来日して畿内に向かう明の使節一行を領国内諸所（宿泊予定の下関・上関・蒲刈《かまがり》・鞆）で接待することになった毛利輝元が、側近の佐世元嘉に与えた指示の中で「泊々米の外の入目《いりめ》の事は、銀子差し下し候の条、相計り申し付くべく候」（『萩藩閥閲録遺漏』巻三の一 重見孫右衛門2）とあるように、米以外に必要な物は銀で調達することを命じており、当時の港町における銀の通用状況がうかがえる。

そして実際、慶長四年には山口で、翌五年には厳島で屋敷地料が銀額で表示されていることが確認でき（「横屋文書」、「野坂文書」一七〇・一七二）、慶長年間には毛利領国内の主要な町場において、銀が浸透していたと推測される。

第二次朝鮮出兵と政権末期の情勢

朝鮮再出兵　慶長二年（一五九七）に第二次朝鮮出兵（慶長の役）が開始されたが、翌三年八月に豊臣秀吉が死去したことで日本軍の撤退が始まり、十二月に最後の駐留将兵が帰国したことにより、戦時体制は終わりを告げる。

猶もつて、運賃舟聞き立て候事肝要に候、又其方手子《てご》の者にも油断無きやうニ堅く申し付くべく候

急度申し候、其元八木（米）何ほど買い取り候や、心元無く候、其方調《ととのえ》の八木を高麗兵粮に引き当て候の条、油断無く買い取るべく候、いかにも念を入れ候事肝要候、過分の事候の間、少にても如何たるべく候、方々聞き合わせ勘合有り尤に候、龍造寺その外

聞き立つべく候、猶佐石（佐世元嘉）・兵少（堅田元慶）所より申すべく候也

　　　　　　　　　　　　　　　　輝元公御印形

　卯月廿六日

　　三上（元安）豊後守とのへ

（『萩藩閥閲録』巻一二八　三上喜左衛門18）

これは、毛利輝元が備後鞆代官の三上元安に宛てた慶長二年と推定される書状である。すなわち、「高麗兵粮」（朝鮮出兵の兵粮）に充てるため多方面で米の買付けをおこなわせ、あわせて「運賃舟」についての情報収集を命じており、講和・休戦期に設置した公領代官を通して毛利氏が兵粮補給や輸送船の調達を進めていたことがわかる。このように朝鮮再出兵では、講和・休戦期に築かれた市場構造や輸送体制のもとで、将兵の派遣や兵粮の補給がおこなわれたのであり、その基本的な枠組みは終戦後も維持されたと思われる。

そして、秀吉が亡くなる慶長三年から第四期の大坂城（城下町）の整備がおこなわれたように、軍事動員は無くなったものの、大規模普請など終戦後も続く中央政権による「公役」の賦課、そしてそれに従わざるを得ない諸大名という関係は、それまでと同様、基本的に変わることがなかった。しかも重要なのは、豊臣政権が大坂城下町の整備を進めたこの時期、国内各地の諸大名も居城周辺の整備、つまり自身の城下町整備を積極的に推進し

ていることである。

したがって、こうした状況下では、戦時・平時に関係なく、諸大名にとって領民の動員と財源の確保が常に最重要課題であった。当該期、大坂や京都への年貢（米・大豆）回漕史料が見られるのも、貢租換金市場として発展を遂げた中央市場で年貢を金・銀に換金することが諸大名にとって財源確保の重要手段となっていたことを示すものである。

しかもこの時期、諸大名の領国支配も強化されるが、それはまさに中央政権の様々な「公役」に対処するためであった。

毛利氏の石見銀収奪

たとえば、石見銀山を領有する毛利氏の場合、以前にも増して銀の収奪をはかっている。

輝元の側近奉行であり、朝鮮出兵の頃から銀山奉行も務めた佐世元嘉の後年の回想録である「佐世宗孚書案《させそうふしょあん》」には、「銀山の儀ハ宗瑞《（輝元）》祖父元就雲州尼子を退治の節より林肥前《（就長）》・平佐伊豆守《（就之）》代官仕り候て、一年に銀子五千枚ほど納所を四十年余仕り候、私載《（裁）》判ハ奈古屋《（名護屋）》御陣以後の事ニ候、初年ニ壱万枚、それより後ニ三万枚及び調え仕り候て進《まい》らせ候、其次第、宗岡佐渡を初として、具に存じ候事」とある。

すなわち、かつて年間五〇〇〇枚程度であった運上銀が朝鮮出兵の開始とともに一万枚に増え、そしてその後（慶長年間）さらに三万枚となり、それが宗岡佐渡ら鉱山経営者（の代表）によって請け負われていた。

また、佐世元嘉が慶長五年（一六〇〇）七月に吉岡・宗岡・今井ら鉱山経営の代表者に対して指示した「銀山温泉津御納所の定」には、「横あひ《（相）》」という文言が登場する（「吉岡家文書」）。これは、銀鉱脈に沿って坑道を掘るのではなく、鉱脈に直角に交わるように横から坑道を掘ることであり、豊臣政権期すでに採鉱技術が高い水準にまで達していたことがわかる。そこには、領主権力が銀の生産工程にまで深く関与しつつあったこと、そしてそれだけ多くの銀を確保しようと努めていたことがうかがえる。

加藤清正の海外貿易

一方、金・銀の主要鉱山を持たない九州大名、たとえば加藤清正の場合、財源確保のために、貢租換金市場として発展を遂げていた中央市場に年貢を回漕するだけでなく、積極的に海外貿易を推進した。すなわち、文禄五年（一五九六）閏七月十五日付け新見藤蔵宛て清正書状をもとに中島楽章氏が明らかにしたように、翌慶長二年（一五九七）春にフィリピンに向けて「唐船」を派遣し小麦を輸出したのは、金の獲得をめざしたためと思われる（中島楽章「十六世紀末の九州―東南アジア貿易―加藤清正のルソン貿易をめぐって―」）。

なお、清正がフィリピンへの貿易船派遣に必要な秀吉朱印状を西笑承兌《せいしょうじょうたい》に依頼したことからもわかるように、豊臣政権は外交権を掌握する統一政権として諸大名の海外貿易を認めつつも、それを許可制とすることで貿易統制をおこなった。そしてそれは、後に江戸幕府が制度化する朱印船貿易のまさに先駆形態であった。

このように九州大名の場合、財源確保のための有効手段の一つが海外貿易であった。

藤原惺窩「南航日記残簡」と姜沆『看羊録』

朝鮮出兵の頃から日本人は、東シナ海域以上に南シナ海域で活発な貿易を繰り広げるようになるが、そこには福建商人の活発な動きを見ることができる。

日本の朱子学者の草分けとされる藤原惺窩《せいか》は、文禄五年（一五九六）に京都を出発して南九州の薩摩を訪れているが、その時の旅行記が「南航日記残簡《なんこうにっきざんかん》」である。近年注目されている史料だが、薩摩に向かう途中、大隅内之浦《うちのうら》や波見浦《はみうら》で貿易関係者と交流しており、その内容が興味深い。たとえば、内之浦でフィリピン貿易に従事する船頭や琉球に妻子がいる「役人宗意竹下氏」（竹下宗怡）らと会食したほか、近くの波見浦では福建泉州出身者が船主をつとめるフィリピン貿易船（「唐船」）を見学している。

当時のこうした九州の状況は、姜沆《カンハン》の『看羊録《かんようろく》』からもうかがえる。姜沆は、第二次朝鮮出兵で日本に連行・抑留された朝鮮王朝の官人で、藤原惺窩が思想・学問的に大きな影響を受けた人物である。そして『看羊録』は、彼が帰国後に朝鮮王朝に提出した日本見聞記で、秀吉が亡くなる少し前から関ヶ原の合戦が起こる少し前まで（慶長三〜五年）の日本社会の状況をうかがうことができる貴重な史料である。

それによると、肥前を紹介する箇所では、唐船のほか琉球・南蛮・フィリピンなどの商船が絶えず往来し、薩摩でも商店の大半が唐人の店で「唐船」や「蛮船」が毎日のように往来しているとある。また、「島津義弘」を紹介する箇所では、島津氏領国において「唐船」や「蛮船」の往来が絶えず、日本人で「明」や「南蛮」を往来する者は必ず立ち寄るとある。また、店頭には「唐貨」や「蛮貨」があふれ、「唐人」や「蛮人」が店を連ねるともある。

そしてここに見える「唐人」とは、しばしば登場する「福建船」「福建商船」という文言が示すように、その多くが福建商人であったと思われる。

つまり、豊臣政権末期には九州、特に肥前と島津氏領国に中国南部や琉球、そして東南アジアから商船が来航し、日本からも島津氏領国（沿岸部）を経由して諸外国に渡航していた。その日本からの乗船者が、フィリピン・インドシナ半島・マレー半島など東南アジアに渡航して貿易をおこなう人々であり、その中にはこれら諸外国・諸地域で海賊や傭兵として活動する者もいたと思われる。それはまさに、国内の戦場に代わる新たな「稼《かせ》ぎ場」を求めての海外進出であり（藤木久志『雑兵たちの戦場　中世の傭兵と奴隷狩り』）、活動地域としては後の朱印船の渡航地域と重なる部分が少なくなかったと思われる。

慶長四年八月福建船「宝貨」強奪事件

『看羊録』によると、慶長四年八月に福建船の積み荷が島津領内で強奪される事件が起こっている。そこで、その一連の経過を見ることで、豊臣政権末期の外交・貿易状況について確認したい。

前年（慶長四年、一五九九）の八月、福建あたりの商船が薩摩州に向かって来たところ、海辺の倭卒が船をそろえ、武装兵を載せ〔て商船を襲い〕、商人だけを残してその宝貨を奪い取りました。商人らは非常に怒り、遂に薩摩州にやって来て、このことを〔島津〕義弘の部下に愬《うった》えました。義弘は家康に報告し、〔宝〕貨を奪った者を倭京に生かしたまま捕えて来て、一人残らず轘《くるまざき》の刑を加え、その〔宝〕貨を持主に返しました。（『看羊録』四　詣承政院啓辞）

この記述によると、薩摩付近の海上で積み荷を奪われた福建船の商人が島津義弘（の部下）に訴えたところ、島津義弘はまず徳川家康に報告し、捕らえた犯人を都に連行した上ですべて処刑するとともに、積み荷を福建商人に返還している。この場合、薩摩付近で起こった事件にもかかわらず、島津義弘が自身の判断で処理するのではなく、まず伏見の徳川家康に報告し、わざわざ犯人を都に連行して処刑したのは、日本人による福建商船の積荷強奪という重要事件については何よりもまず、徳川家康の判断を仰ぐ必要があったことによると思われる。

実は、同年四月一日付けで豊臣五大老（前田利長・毛利輝元・上杉景勝・宇喜多秀家・徳川家康）が「下々ばはんニ罷り渡る族これ有るべく候の間、堅く停止せらるべく候」と、海外渡航船の「ばはん」（海賊）行為を禁止している（『島津家文書』一〇九〇）。そして同年八月二十日付けで改めて五大老（利長・景勝は帰国したため、花押があるのは輝元・秀家・家康のみ）が「ばハん海賊の儀、先年より御停止なされ候ところ、当年猥《みだり》の輩これ有るに付いて、成敗を加え候、向後の儀は、先年の御置目のごとく、その領主共ニ御成敗たるべく条、その意を得られ、出船・帰朝念を入れられ、堅く相い改めらるべく候」と、海賊行為の禁止を領主の責任として出船・帰朝ともに徹底させている（『島津家文書』一〇九一ほか）。

この間の事情は、七月九日付けで長崎奉行寺沢正成が島津忠恒に宛てた「ばはんの儀、先年より御法度の儀ニ候、去春も御奉行衆・御年寄衆御ふれ状ニ候、然らば今度呂宋《ルソン》においてばはん仕るの由到来に付いて、堅く相い改ため糾明の上、御成敗あるべきの旨、内府様《(徳川家康)》御意に候、其元相着き候唐舟、堅く仰せ付けられ御改め候て、様子仰せ上げらるべく候」という書状（「薩藩旧記雑録」）からうかがえる。

すなわち、以前から海賊行為は禁止されていたところ、フィリピンから事件発生の知らせが届き、「御成敗」との家康の意向を受けた寺沢が、島津氏に到着した「唐舟」の捜査とその報告を命じている。したがって、豊臣五大老のばはん禁止令も、それを主導したのは家康であったと思われる。

徳川家康の外交権掌握

その背景としては、豊臣秀吉の外交・貿易権の継承に対する徳川家康の強い思い（執着）があったものと思われる。慶長四年（一五九九）四月に来航して国王書翰をもたらした太泥国《パタニ》（マレー半島中部東海岸の王国）の使節に対し、家康は七月上旬に秀吉の逝去と、継嗣秀頼を自分が補佐していることを伝え、商船の往来を求める返書を送っている（「通航一覧」巻二六九）。また同年十月には、長崎を出発した家康派遣の使節がマニラに赴いている。こうした行動からは、かつて秀吉が掌握していた外交権を、自身が継承しようとする家康の思惑がうかがえる。

しかもそれは、貿易権の掌握を伴っていた。たとえば、同年七月二十一日付けで島津維新（義弘）が忠恒に宛てた書状には、「ろそん《ルソン》へ商買のために罷り渡る船壱艘、長崎へ着岸候、彼船ニ真壺《まつぼ》佰弐拾壱のせ来り候を御糾明なされ、残らず此元へはや食《め》し上げられ候、真壺商買船の儀は、大閤様堅く御停止の旨、仰せ置かれ候間、内府様よりも一段曲事《くせごと》の由、仰せ出され候」とある（「薩藩旧記雑録」）。先に、文禄年間に秀吉がフィリピン貿易で真壺《まつぼ》（ルソン壺）を独占していたことについて触れたが、ここで見た事例も、フィリピンから長崎に到着した商船に積載されていた大量の真壺を、「真壺商買船」停止という秀吉の方針にならい、家康が島津氏を通して召し上げようとしたものと思われ、真壺独占の姿勢がうかがえる（上原兼善「初期徳川政権の貿易統制と島津氏の動向」）。

こうした事実は、秀吉の死後、関ヶ原の合戦が起こる前までの外交・貿易の権限所在についてて物語るものである。島津氏は、領内に出入りする外国船を管理する立場にはあっても、外交や貿易に関する事件処理の最高責任者はあくまで徳川家康であり、それを島津氏も意識して行動していたことがわかる。それは秀吉亡き後の中央政界において、徳川家康が外交権と貿易権をしだいに掌握していったことを示すものであり、豊臣政権末期のこうした状況が、江戸幕藩体制初期の家康外交に引き継がれたのである。

徳川政権の誕生と銀——エピローグ

戦国・豊臣期における政治・経済の構造的変化について、銀の動向を基軸としつつ、東アジアの国際関係や貿易構造の変化と関連づけながら述べてきた。そこで、これまでに述べてきたことを改めて整理したい。

戦国・豊臣期の要点整理

石見銀山の開発と現地での銀生産は、日本経済はもとより、東アジアの貿易構造を大きく変えた。西国大名の大内氏による天文八年（一五三九）の遣明船派遣は、日明貿易に銀が使用された初めての事例と思われるが、同じ頃、朝鮮王朝に銀を持ち込み、綿布を持ち帰る日本人が出現し、その後も相次いだ。これらはいずれも、博多商人の関与がうかがえることから、石見銀が利用された可能性が高い。

また日本での銀生産は、福建商人など中国商人やポルトガル商人の日本来航をうながしたほか、後期倭寇の活動を活発化させた。石見銀山およびその周辺には畿内や南九州、そして北東日本海沿岸など国内各地から商人や船舶が到来するなど、日本国内でも人や物の広域的な流れが生まれた。

その後、石見銀山の採鉱・製錬技術は但馬生野銀山をはじめ各地の鉱山に伝わったが、肥後でも相良氏が石見銀山の技術者を招き、領内の鉱山を開発して「渡唐船」を派遣している。そして、明朝が海禁政策を緩和した一五六七年以降、福建商人や、マカオ・長崎間に定期航路を開設したポルトガル商人の日本来航が活発になる。それに対して西国大名は、独自に貿易や外交を展開するが、その範囲は遠く東南アジア諸国に及び、その中には中国商人が仲介者として関与している事例もあり、注目される。

当時の日本は、強力な統治能力を持った中央政権が存在せず、いわば権力の分散状態にあり、大名・国人や商人は個々に主体的な経済活動をおこなっていた。その際、領国や領域を越える広域的な経済活動をする船舶の安全保障を担う存在として「海賊」がおり、彼らがその見返りとしておこなう通行料徴収は、日本中世の社会慣行としてある程度認められる行為であった。したがって、大名・国人・商人、そして「海賊」は、競合・対立する面を持ち合わせつつも、基本的に「共生」関係にあったといえる。

また、鉱山を開発・経営する者は、大名や国人に一定量の運上を納めることで鉱山経営の権利を保証されており、生産された金・銀のうち運上分以外は経営者の手元に留保され、彼らの経済活動を支えたほか、各地の市場《しじょう》にも放出され、広く流通した。

その結果、戦国末期から織田政権期にかけて金・銀の国内流通は急速に活発化したが、それとともに金を含め貿易品の国内流入も増加し、日本経済は東アジア経済と連動して推移した。

さて、統一政権である豊臣政権の誕生は新たな政治構造を創出し、それはまた新たな経済構造や市場構造を生み出した。すなわち、権力を集中した統一政権の「天下」のもとに諸大名の「国家」が位置づけられ、中央政権の諸政策（軍事・大規模普請）の実施に伴い政権主導の物流が生まれ、大坂と京都（伏見）を二つの核とする中央市場に諸大名の城下町（領国市場）が結びつく求心的流通構造が成立した。

そして、こうした政権主導（諸国では大名主導）の物流の障害となったのが、それまで航海の安全保障を担っていた「海賊」の存在であり、豊臣政権は当時最大の「海賊」であった能島村上氏を本拠地の伊予能島から引き離し、その海上支配権を否定・奪取した。

したがって、天正十六年（一五八八）七月に豊臣秀吉によって発令された海賊停止令（海賊禁止令）は、「海賊」など海上勢力の主体的活動を認めず、陸の領主への帰属を命じたもので、豊臣政権に帰属した一部を除き、「海賊」の多くは諸大名の船手として権力編成されることになった。

また、統一政権の誕生は分裂状態にあった外交権の再統一をもたらし、九州を含む西国を平定した豊臣秀吉が東アジア諸国に対して外交権を掌握した日本統治者として臨み、海賊停止令も主として貿易・外交面での適用となり、「ばはん禁止令」としてその姿を変えた。

豊臣政権は、それまでキリスト教会領であった長崎を直轄化して渡来外国船の積荷に対する先買権《せんばいけん》を行使するが、日本人の海外渡航については当初規制を設けなかったため、一五八〇年代、日本人の東南アジア、特にフィリピン（ルソン）への進出が活発化した。そのため秀吉は、「唐入り《からい》」（明への侵攻）を表明して朝鮮出兵を準備するなか、フィリピン総督に対する外交交渉（＝朝貢要請）において、原田氏ら貿易商人を利用した。

こうして始まった朝鮮出兵は、まさに政権主導の海外派兵であり、それに伴い物流の一元化が進んだが、講和・休戦期の太閤独裁体制の成立は、政治経済構造にも大きな変化をもたらした。

すなわち、豊臣政権の公役（軍事・大規模普請）賦課に対応するため、諸大名はすでに領国総検地の実施など領国支配を進めていたが、この時期それをさらに強化することになった。

また、豊臣政権は、国内の金銀鉱山の開発を積極的に進め、諸大名の鉱山領有を認めつつも、生産される金・銀の一部を彼らの責任で上納させており、これにより中央政権に対する金銀運上体制が成立した。そして文禄・慶長年間には、金・銀の社会浸透が進み、なかでも商取引や贈答儀礼を中心に金・銀の活発な受け渡しがおこなわれる首都市場圏、特に大坂や京都（伏見）は消費人口の増加も相まって、年貢米が食糧として大量に売却されて金・銀に換えられる貢租《こうそ》換金《かんきん》市場《しじょう》としての性格が強まった。

さて、中央政権によって戦時・平時を問わず賦課される様々な公役は、国内の諸大名に重くのしかかった。領国内に銀山がある毛利氏は、銀の収奪を強化して中央政権の要求に応《こた》えようとしたが、九州大名の加藤氏の場合は海外、特にフィリピン貿易を推進して金を得ようとした。それに対して豊臣政権は、朱印状の発給で海外渡航を規制する一方、ルソン壺の独占購入をおこなうなど、より積極的な貿易政策を展開するようになった。

そして慶長三年（一五九八）の秀吉死後、幼少の秀頼を補佐する大老・奉行が集団で秀吉の外交権を継承する形がとられたが、早くも翌四年には海賊行為に対する処置やルソン壺の独占に見られるように、徳川家康が貿易権（先買権）や外交権を実質的に掌握しつつあったのである。

以上、戦国・豊臣期における政治・経済の構造的変化について整理した。そこで最後に、徳川政権が成立した後の政治・経済や外交・貿易について、鉱山支配と通貨発行、そして貿易統制の観点から述べて結びとしたい。

金銀鉱山の掌握と貨幣鋳造

毛利輝元の側近で石見銀山奉行の佐世元嘉が、鉱山経営の代表者である今井・吉岡・宗岡・石田の四氏に宛てた慶長五年（一六〇〇）八月三日付けの書状が「吉岡家文書」の中にある。そこでは、伊勢安濃津《あのつ》城を攻めて富田信濃守（信高）を討ち取ったことなどを述べ、褒美《ほうび》として与える銀の必要性を説いて「せめて千、二千枚とも、今明の間に進上あるべく候」と、大量の銀の即時提供を求めている。

花押《かおう》の形状や料紙《りょうし》の質など、古文書そのものには特に問題が無いので、正真正銘本物の書状と思われるが、本来九月三日とすべき（安濃津攻めは八月二十四日）ところを誤って八月三日と記すなど、慌ただしい中で書かれた当時の状況がうかがえるとともに、戦時における銀需要の大きさを改めて知ることができる。

そして九月十五日、まさに天下分け目の戦いとなった関ヶ原の合戦がおこなわれ、その日の内に徳川家康を総大将とする東軍が勝利した。注目されるのは、そのわずか十日後の九月二十五日、家康が石見銀山の周辺七ヵ村（大家《おおえ》村・三原村・井田村・福光村・波積《はづみ》村・都治《つじ》村・河上村）に宛てて禁制《きんぜい》を出していることである（「吉岡家文書」）。内容は、軍勢の乱暴狼藉《ろうぜき》や放火、そして田畑の作物の刈り取りや竹木の伐採を禁じた三ヵ条からなるが、それは長年毛利氏の管理下にあった石見銀山の接収に伴う処置であったと思われる。その後、それまで豊臣政権の重要な財政基盤であった但馬生野銀山をはじめ、国内各地の主要金銀鉱山が家康によって接収され、その直轄化がはかられた。

石見銀山の場合、その年の内に毛利関係者から銀山のほか温泉津・古龍（古柳）における権益の引き継ぎがおこなわれたようで、銀生産だけでなく鉱山町での商売など、様々な名目で銀の運上が課せられていたことがわかり（「吉岡家文書」）、興味深い。

翌慶長六年には、家康の側近である大久保長安が初代銀山奉行として石見に下り、幕府

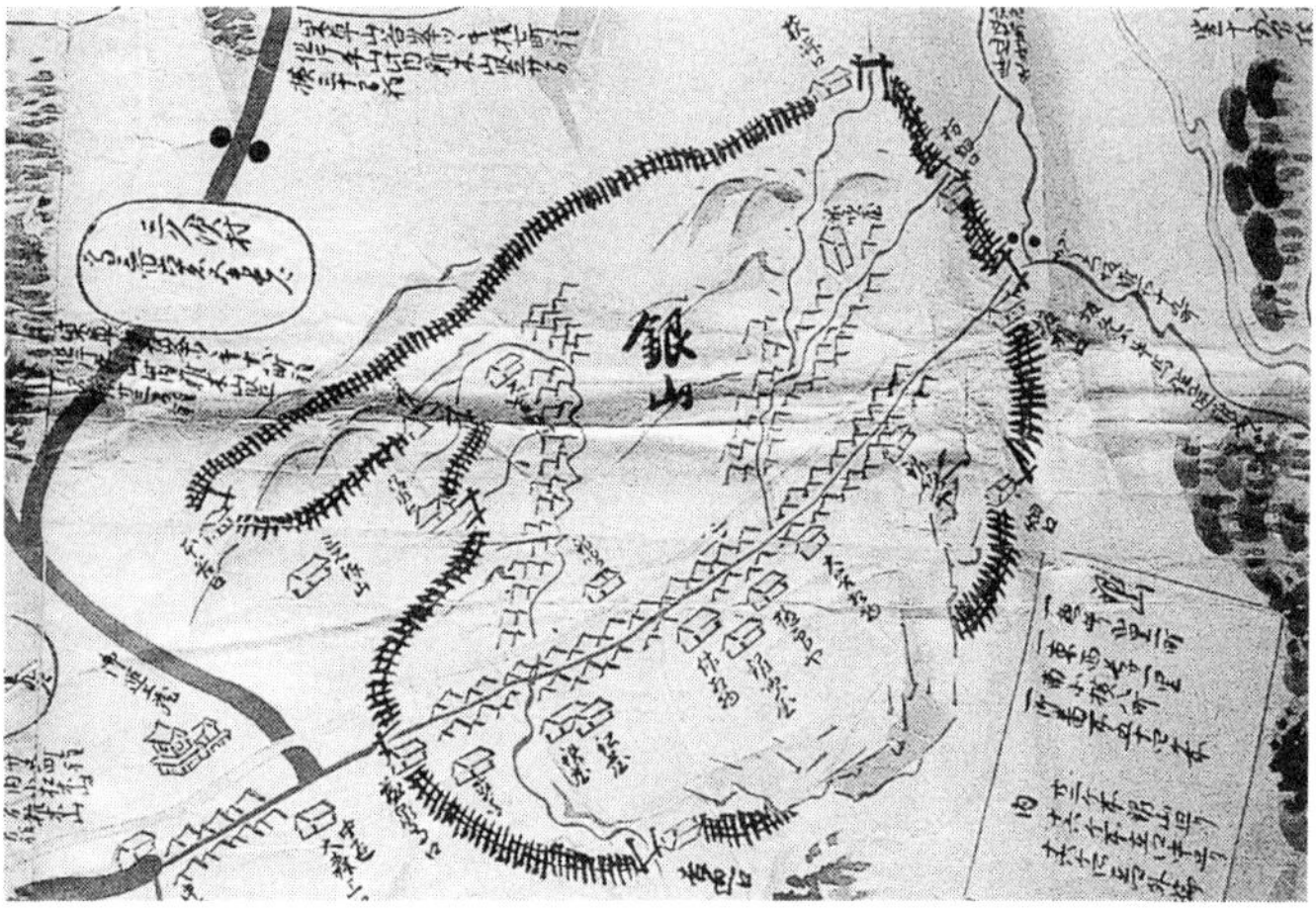

図22　石見銀山柵内（「正保２年石見国絵図」より，津和野町教育委員会所蔵）

直轄の支配体制の基礎固めをした後、同八年に佐渡金銀山の開発にあたるため現地に向かった。なお同じ年、石見銀山の代表的な鉱山経営者の一人である宗岡弥右衛門（宗岡佐渡）も佐渡に渡り、石見銀山の鉱山技術を佐渡にもたらした。

　石見銀山では、銀鉱山の本体部分を「柵内《さくのうち》」と呼ぶが、それは江戸時代初めに柵で厳重に囲まれたことによるもので、銀生産はもとより、人や物の出入りを公権力が厳しく管理するようになったことを示す。また、銀山支配の拠点である代官所は、毛利時代に銀山現地にあった「休役所《やすみやくしょ》」がその前身で、初代奉行の大久保長安もそれを利用したが、第二代銀山奉行の竹村丹後守道清は、新たに大森地区に建設した。そしてこの代官所（陣屋《じんや》）が、銀の生産現場と鉱山町を管理するとともに、鉱山経営者を個別に直接支配する体制が成立した。

また、徳川氏による国内の主要金銀鉱山の接収は、中央政権（幕府）が各地の鉱山で生産される金・銀を直接掌握することを意味し、それは貨幣の鋳造・発行権の獲得につながり、家康は慶長六年、いわゆる慶長金銀を鋳造したとされる。すなわち、金貨では慶長大判・慶長小判・慶長一分金《いちぶきん》、また銀貨では慶長丁銀《ちょうぎん》・慶長豆板銀《まめいたぎん》である。ここで注目されるのが、徳川氏が金貨について甲斐武田氏の甲州金で見られた四進法の貨幣単位（両・分《ぶ》・朱《しゅ》）を採用していることであり、それは日本独自の通貨制度といえる。また、武田氏から秤《はかり》の独占製造を認められていた守随《しゅずい》氏を幕府の秤座《はかりざ》に起用するなど、前代からの継承の様子がうかがえる。この点については、甲斐国に生まれ、旧武田家家臣であった大久保長安との関係が興味深い。

通貨製造の組織である小判座（金座）は、まず慶長六年に江戸と京都に置かれた後、同十二年に駿府《すんぷ》（家康の隠棲《いんせい》地）、さらに元和七年（一六二一）に佐渡に置かれた。一方、銀座は、まず慶長六年に伏見、同十一年に駿府、そして年不詳ながら長崎にも置かれた。

このように、徳川政権は統一政権として各種の金・銀貨の鋳造・発行をおこなったのであり、国内的には金を中心とする日本独自の通貨体系を構築するとともに、国際通貨である銀にも積極的に対処することで、政権主導の貨幣政策や貿易政策を推し進めようとした。

幕藩制市場構造と朱印船貿易

すでに豊臣政権期の段階で、貢租換金市場である上方市場に各地の領国市場が結びつく求心的流通構造が成立していたが、そこに新たな政権所在地となった江戸が加わる形で幕藩制市場構造が十七世紀初めに誕生する。そして寛文十一・十二年（一六七一・七二）には、領主米市場である大坂と江戸を拠点とする西廻《にしまわ》り航路と東廻《ひがまわ》り航路が新たに開設されるが、それは同時に、領主主導の物流を基調とする市場構造の転換点であり、その後は初期豪商に代わる新たな商人が担う物流・市場構造へと様変わりしていく。

一方、貿易面では一七世紀初頭、徳川家康が豊臣秀吉の政策を引き継ぎ、東南アジア方面に向かう船舶に渡航許可証を与える制度を確立した。それがすなわち、幕府が大名や商人の海外渡航に許可（朱印状）を与える、いわゆる朱印船貿易である。それに関して後藤庄三郎は、本来の仕事である金貨製造に従事する一方、幕府の年寄クラスに準ずる有力者として、家康の外交・貿易政策を補佐した。そして、外交を取り仕切る筆頭年寄の本多正《まさ》純《ずみ》とともに、大名や貿易商人から求められた朱印状の発給申請に、「取次《とりつぎ》」として関わった。

徳川政権のもとでは、品位八〇％の慶長丁銀の使用が基本となり、それが大量に輸出される一方、それより高品位である各地の灰吹銀の密輸もおこなわれていた。そのため、慶長末期から元和期にかけて長崎に設置された銀座は、外国船が鋳貨材料として灰吹銀を持ち出さないよう監視した。こうして貿易銀に対する幕府の輸出統制がおこなわれ、輸出用の銀は丁銀に限定された。このように、徳川政権は金を中心とする通貨体制を国内で整備する一方、国際通貨である銀についても丁銀を基軸とする政策を打ち出すことにより、日本独自の通貨制度の定着をはかった。

さて、朱印船貿易をおこなった九州大名は多いが、亀井茲矩《これのり》（因幡鹿野藩初代藩主、石津和野藩第二代藩主政矩の父）は九州以外で唯一、江戸幕府から朱印状を与えられた西国大名であり、江戸時代初期には、暹羅（タイ）など東南アジアを対象とする朱印船貿易に従事している。また、「石見亀井家文書」の中にも、慶長十五年（一六一〇）八月二十二日付けで徳川家康の意を受けて大泥《パタニ》国王に対して作成された茲矩の書状が残されている。

豊臣政権下、国内の金・銀鉱山の開発が進むが、因幡鹿野城の亀井茲矩も文禄年間に銀鉱山の開発に積極的であった点をふまえると、明確な史料はないものの、豊臣政権期すで

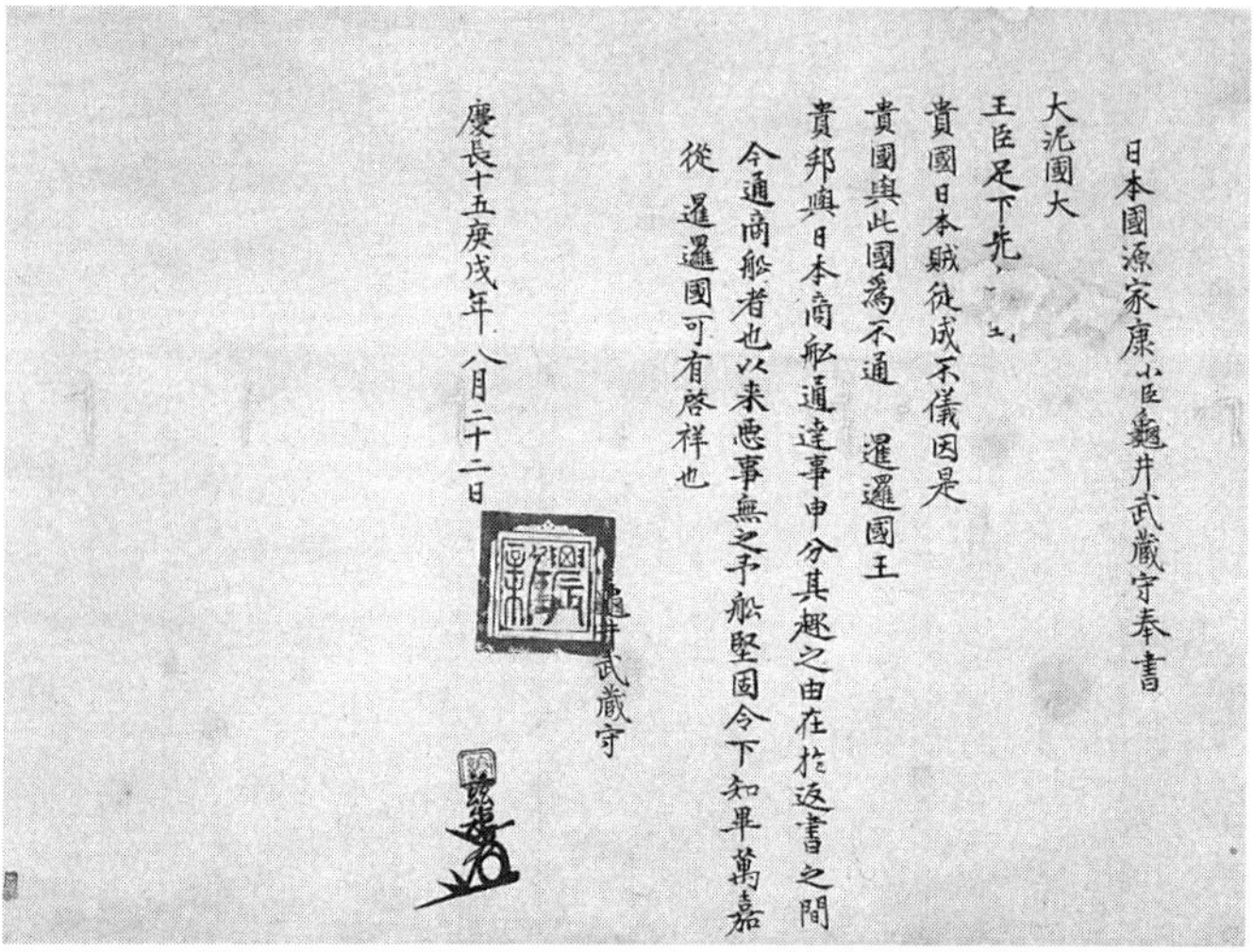
日本國源家康小臣龜井武蔵守奉書
大泥國大
王臣足下先〻云〻
貴國日本賊徒成不儀因是
貴國與此國爲不通　暹邏國王
貴邦與日本商船通達事申分其趣之由在於返書之間
今通商船者也以来悪事無之予船堅固令下知畢萬嘉
從　暹邏國可有啓祥也
慶長十五庚戌年八月二十二日
亀井武蔵守

図23　亀井茲矩書状（国立歴史民俗博物館所蔵）

に日本海ルートを利用して海外貿易をおこなっていた可能性があり、その活動の延長として江戸時代初期に朱印船貿易に参入したとも考えられる。

　しかしその活動も徳川政権下、朱印船貿易からの大名排除政策（五〇〇石以上の大船没収・破却）のもと、慶長年間に終焉《しゅうえん》を迎えたのであり、江戸幕府の外交・貿易独占化のもと、諸大名の主体的な貿易活動が禁じられることになった。そして、それまで領主勢力や商業勢力の活動に支えられて各地で独自に展開していた地域海運も、藩を単位とする構造に変わり、石見銀山の開発以降活況を呈していた山陰沿岸の多数の港湾都市も、十七世紀後半、寛文年間に開設された西廻り航路の北前船寄港地となった杵築・温泉津・浜田など主要港を除き、かつての輝きを失っていった。

シルバーラッシュの終焉

一方、ヨーロッパ諸国に対して家康は、オランダ船リーフデ号の乗組員であったイギリス人ウィリアム・アダムス（三浦按針《あんじん》）を外交顧問とすることで、従来のポルトガル・スペインではなく、キリスト教の布教にこだわらないオランダ・イギリスを相手に外交・通商を開始した。

慶長十四年（一六〇九）、平戸にオランダ商館が置かれるが、オランダ船による貿易では日本銀が輸出され、主にアジアの生糸などが輸入された。その後、寛永十二～十八年（一六三五～四一）には銀が大量に輸出され、幕府は国内の銀貨不足を心配して銀輸出を抑える政策を実施するとともに、銅や小判の輸出を認めた。また、先述したように、貿易には灰吹銀（領国銀）ではなく丁銀の使用を命じた。

しかし寛永年間、キリスト教を禁止する政策が強化されるなか、通商範囲の縮小化が進み、朱印船貿易もしだいに減少していく。寛永十二年には、江戸幕府が日本人の海外渡航・帰国を全面的に禁止する。輸出銀は当初、品位の高い灰吹銀が多かったが、幕府の貿易統制により、同年以降は丁銀のみの輸出に限られた。その後、同十六年にポルトガル船を追放し、同十八年にオランダ商館を長崎の出島に移したが、これは幕府の政治・外交上の転換点となり、中国船とオランダ船の来航地が幕府直轄の長崎一港に限定された。

そして寛文八年（一六六八）、幕府は中国船・オランダ船に対する銀の輸出を禁止したものの、同十一年には中国船に対して丁銀の輸出を再び許可する。同じ寛文年間、幕府公鋳の銭貨である寛永通宝が社会に普及し、いわゆる近世三貨（金・銀・銭）体制が成立する頃、幕府は銀の輸出を禁止したため、代わりに銅貿易が進展することになった。

以上みてきたように、石見銀山の開発を起点とする日本銀の大量流出は、東アジアの貿易や国際関係を構造的に変化させた。人や物の流れが活発化するなか、環シナ海域では新たな国家が生まれ、新たな国際関係が成立した。日本における天下統一、江戸幕府の誕生はそうした動きの一つである。また、幕府は朝鮮・琉球と外交関係を、オランダ・中国と通商関係を築いていくが、そうした外交・通商関係の成立もまた同様である。

そして、石見銀山の銀生産が原料枯渇のため規模を縮小させ、やがて銅生産に路線変更していく十七世紀半ば、江戸幕府も政策的に銀輸出を禁じて銅貿易に切り替えたのであり、東アジア世界では、銀を基軸とする通商がしだいに見られなくなる。

こうして、十六世紀前半から一世紀余り続いた経済現象としてのシルバーラッシュも、周囲に大きな変化をもたらしながらついに終焉の時を迎えることになったのである。

あとがき

政治と経済は本来、密接な関係にある。政治動向や権力配置が流通経済や市場構造をある程度規定するのに対し、経済状況も諸権力の領域支配や政策決定に大きな影響を与える。したがって、天下統一という日本国内の政治的な動きも、その経済的背景について検討することが必要であり、流通経済が本来、国の枠を越えて展開する性質のものである以上、その国際的背景についても検討しなければならない。

そして天下統一の場合、いわゆる「天下人《てんかびと》」による「国家」(大名領国)統合という点を意識しすぎると、勝者である中央政権の画一的な諸政策ばかりに目が向き(中央史観)、敗者となった国内各地の大名や諸権力の戦国期における領国・領域支配の独自性や多様性などを見逃すことがある。その意味から、「地域的視座」が不可欠であるが、それと同時に日本を相対化する「国際的視座」も大切である。銀の流れを基軸に、さまざまな国や地域が互いに関係しあった十六世紀の東アジア世界、その中に位置する日本をまさに俯瞰《ふかん》するように、客観的に眺める姿勢が重要である。

実は、こうした見方をするようになったのは、一九八九年五月に福岡市博物館（開館準備室）の学芸員として社会人の第一歩を記し、故郷の広島を外から客観的に眺めたこと、そしてその後、福岡を離れるまでの五年間（正確には四年十一ヶ月）に二度海外に出かける機会があり、日本を外から眺める経験をしたことが大きかったように思う。

仕事を始めて間もない六月、博物館に外国人、特に中国・韓国からの見学者が多いこともあり、仕事帰りに早良《さわら》区市民センターで開催されていた一般市民を対象とする語学講座（現代中国語講座）に参加することにした。早良初級クラスに所属し、幅広い年代層の方々といっしょに学んだが、人とのふれあいが楽しく、初級課程が修了した十月以降も中級課程でそのまま勉強を続けることになり、翌年のゴールデンウイークには上海に行き、ホームステイを経験した。

そうした中で、中国では年越しに餃子を食べること、餃子は個々の家庭で皮から作るもので家ごとに味が違うことを知った。その頃出会った講座の「老師《ラオシー》」（先生）である中国人留学生や、さまざまな世代の「同学《トンシユエ》」（同級生）は今でも「老朋友《ラオポンヨウ》」（古き良き友人）である。異文化との出会いをきっかけに、自分の国の文化を見つめ直すことになり、それはまた国籍や民族に関係なく同じ人間として共通の願いや思いがあることをあらためて知る機会にもなった。

たとえ政府間レベルでは良好な関係でなくとも、民間での経済交流や地道な文化交流、あるいはスポーツ交流が国家間の緊張関係を解きほぐし、友好関係の再構築に寄与することを我々はすでに数多く経験している。グローバル化が叫ばれる今だからこそ「国際的視座」を持ち、国籍や民族を越えた幅広い交流が求められる。そのためには歴史を直視し、多様な文化や宗教の存在を認め、それを尊重する広い心を持ちたいものである。

本書が『歴史文化ライブラリー』の一冊として出版されることになったのは、吉川弘文館編集部の石津輝真さんに声をかけていただいたことによるが、氏には原稿完成まで根気よく待っていただいた。また製作においては、伊藤俊之さんに大変お世話になった。最後に記して感謝の意を表したい。

二〇一五年五月

本多博之

参考文献・史料

参考文献

秋田洋一郎「十六世紀石見銀山と灰吹法伝達者慶寿禅門―日朝通交の人的ネットワークに関する一試論―」（『ヒストリア』第二〇七号、二〇〇七年）
秋山伸隆「戦国大名毛利氏の流通支配の性格」（同『戦国大名毛利氏の研究』所収、吉川弘文館、一九九八年、初出は一九八二年）
秋山伸隆「豊臣期における石見銀山支配」（『龍谷史壇』第一三二号、二〇一〇年）
池上裕子「大名領国制と荘園」（網野善彦・石井進・稲垣泰彦・永原慶二編『講座日本荘園史4 荘園の解体』所収、吉川弘文館、一九九九年）
池上裕子『日本の歴史 第15巻 織豊政権と江戸幕府』（講談社、二〇〇二年）
伊藤幸司「大内氏の対外交流と筑前博多聖福寺」（同『中世日本の外交と禅僧』所収、吉川弘文館、二〇〇二年、初出は一九九六年）
岩生一成「呂宋の壺に就いて」（『南方土俗』第三巻第二号、一九三四年）
上原兼善「初期徳川政権の貿易統制と島津氏の動向」（『社会経済史学』第七一巻第五号、二〇〇六年）
浦長瀬隆『中近世日本貨幣流通史―取引手段の変化と要因―』（勁草書房、二〇〇一年）
岡美穂子『商人と宣教師 南蛮貿易の世界』（東京大学出版会、二〇一〇年）

岡本良知『十六世紀日欧交通史の研究』（原書房、一九七四年復刻、一九四二年初版）
岡本良知「一五九〇年以前に於ける日本フィリッピン間の交通と貿易」（同『キリシタンの時代―その文化と貿易―』所収、八木書店、一九八七年）
長田弘通「天正年間以前の大友氏と島津氏」（『大分県地方史』第一四三号、一九九一年）
鹿毛敏夫「一五・一六世紀大友氏の対外交渉」（同『戦国大名の外交と都市・流通―豊後大友氏と東アジア世界―』所収、思文閣出版、二〇〇六年、初出は二〇〇三年）
鹿毛敏夫「戦国大名領国の国際性と海洋性」（『史学研究』第二六〇号、二〇〇八年）
川戸貴史「一六世紀後半京都における貨幣の使用状況―『兼見卿記』の分析から―」（『東京大学史料編纂所研究紀要』第二〇号、二〇一〇年）
川戸貴史「一六世紀後半京都における金貨の確立」（池享編『室町戦国期の社会構造』所収、吉川弘文館、二〇一〇年）
岸田裕之「中世後期の地方経済と都市」（同『大名領国の経済構造』所収、岩波書店、二〇〇一年、初出は一九八四年）
岸田裕之「大名領国下における赤間関支配と問丸役佐甲氏」（同『大名領国の経済構造』所収、初出は一九八八年）
岸田裕之「海の大名能島村上氏の海上支配権の構造」（同『大名領国の経済構造』所収）
岸野　久「『るすん壺』貿易の歴史的役割」（『キリシタン研究』第一七輯、一九七七年）
吉良国光「筑前国山門庄と青木文書」（大分県立芸術文化短期大学『研究紀要』第四五巻、二〇〇七年）

桐山浩一「一六世紀後半の京都における銀の貨幣化」（『ヒストリア』第二三九号、二〇一三年）
黒田明伸『貨幣システムの世界史〈非対称性〉をよむ』（岩波書店、二〇〇三年）
桑波田興「天正十六年秀吉法度について」（『鹿児島大学教育学部社会科論文集』、一九七九年）
小葉田淳「石見銀山―江戸初期にいたる―」（同『日本鉱山史の研究』所収、岩波書店、一九六八年）、のち『戦国大名論集14　毛利氏の研究』（吉川弘文館、一九八四年）に収録
小葉田淳『日本貨幣流通史』（刀江書院、一九六九年、初版は一九三〇年）
小葉田淳『金銀貿易史の研究』（法政大学出版局、一九七六年）
小葉田淳「松浦家文庫の海外交通史料について」（同『日本経済史の研究』所収、思文閣出版、一九七八年）
桜井英治「銭貨のダイナミズム―中世から近世へ―」（鈴木公雄編『貨幣の地域史　中世から近世へ』所収、岩波書店、二〇〇七年）
桜井英治「領国経済と全国市場」（桜井英治・中西聡編『新体系日本史12　流通経済史』所収、山川出版社、二〇〇二年）
島根県教育委員会編『石見銀山史料解題　銀山旧記』（島根県教育委員会、二〇〇三年）
鈴木敦子「肥前国内における銀の『貨幣化』」（同『戦国期の流通と地域社会』所収、同成社、二〇一一年）
高木久史「信長政権の知行制度」（同『日本中世貨幣史論』所収、校倉書房、二〇一〇年、初出は二〇〇七年）

高橋　修「新出の『村上武吉過所旗』について」(上)(下)(『和歌山県立博物館研究紀要』第四・五号、一九九九・二〇〇〇年)
田中健夫「不知火海の渡唐船―戦国期相良氏の海外交渉と倭寇―」(『日本歴史』第五一二号、一九九一年)
田中浩司「十六世紀前期の京都真珠庵の帳簿史料からみた金の流通と機能」(峰岸純夫編『日本中世史の再発見』吉川弘文館、二〇〇三年)
田中浩司「一六世紀後期の京都大徳寺の帳簿史料からみた金・銀・米・銭の流通と機能」(『国立歴史民俗博物館研究報告』第一一三集、二〇〇四年)
千枝大志「中近世移行期伊勢神宮周辺地域における銀の普及と伊勢御師の機能」(同『中近世伊勢神宮地域の貨幣と商業組織』所収、岩田書院、二〇一一年、初出は二〇〇七年)
中島楽章「十六世紀末の九州―東南アジア貿易―加藤清正のルソン貿易をめぐって―」(『史学雑誌』第一一八編第八号、二〇〇九年)
中島楽章「撰銭の世紀―一四六〇～一五六〇年代の東アジア銭貨流通―」(『史学研究』第二七七号、二〇一二年)
中島圭一「京都における『銀貨』の成立」(『国立歴史民俗博物館研究報告』第一一三集、二〇〇四年)
永積洋子『朱印船』(吉川弘文館、二〇〇一年)
中野　等「領主的輸送体系の形成過程―豊臣期の領主財政と朝鮮侵略戦争の遂行―」(『日本史研究』第三五二号、一九九一年)

西村圭子「対馬宗氏の『諸家引着』覚書」（『日本女子大学紀要 文学部』第三四号、一九八四年）
橋本 雄『中世日本の国際関係―東アジア通交圏と偽使問題―』（吉川弘文館、二〇〇五年）
長谷川博史「中世都市杵築の発展と大名権力」（同『戦国大名尼子氏の研究』所収、吉川弘文館、二〇〇〇年、初出は一九九八年）
長谷川博史「毛利氏支配下における石見銀山の居住者たち」（池享・遠藤ゆり子編『産金村落と奥州の地域社会―近世前期の仙台藩を中心に―』所収、岩田書院、二〇一二年）
服部英雄「戦国相良氏の誕生」（『日本歴史』第三八八号、一九八〇年）
早島大祐「織田信長の畿内支配―日本近世の黎明―」（『日本史研究』第五六五号、二〇〇九年）
早島大祐「戦国期研究の位相―中世、近世、そして現代から―」（『日本史研究』第五八五号、二〇一一年）
原田史教「天文年間における相良氏の銀山開発の実相について」（『日本歴史』第五一九号、一九九一年）
藤木久志「海の平和＝海賊停止令」（同『豊臣平和令と戦国社会』所収、東京大学出版会、一九八五年）
藤木久志『雑兵たちの戦場 中世の傭兵と奴隷狩り』（朝日新聞社、一九九五年）
藤田達生「海賊禁止令の成立過程」（三鬼清一郎編『織豊期の政治構造』所収、吉川弘文館、二〇〇〇年）
藤田達生『秀吉と海賊大名 海から見た戦国終焉』（中央公論新社、二〇一二年）

宝月圭吾「京枡の成立」(同『中世量制史の研究』所収、吉川弘文館、一九六一年)
本城正徳「幕藩制的市場の成立と構造」(桜井英治・中西聡編『新体系日本史12　流通経済史』所収、山川出版社、二〇〇二年)
本多博之『戦国織豊期の貨幣と石高制』(吉川弘文館、二〇〇六年)
本多博之「中近世移行期西国の物流」(『日本史研究』第五八五号、二〇一一年)
本多博之「戦国豊臣期の政治経済構造と東アジア」(『史学研究』第二七七号、二〇一二年)
本多博之「織田政権期京都の貨幣流通―石高制と基準銭「びた」の成立―」(『広島大学大学院文学研究科論集』第七二号、二〇一二年)
松尾良隆「天正八年の大和指出と一国破城について」(『ヒストリア』第九九号、一九八三年)
三鬼清一郎「豊臣政権の市場構造」(『名古屋大学文学部研究論集　史学』第一九号、一九七二年)
村井章介「日本銀と倭人ネットワーク」(同『海から見た戦国日本―列島史から世界史へ』所収、筑摩書房、一九九七年)
メンデス・ピント『東洋遍歴記1～3』(岡村多希子訳、平凡社、一九七九～八〇年)
盛本昌広「豊臣期における金銀遣いの浸透過程」(『国立歴史民俗博物館研究報告』第八三集、二〇〇〇年)
森山恒雄「豊臣期海外貿易の一形態―肥後加藤氏領における関係史料の紹介―」(『東海大学文学部紀要』第八輯、一九六六年)
森山恒雄「豊臣期海外貿易の一形態続論―肥後加藤氏関係の新出史料の紹介をかねて―」(箭内健次編

『鎖国日本と国際交流　上巻』所収、吉川弘文館、一九八八年）
モルガ『フィリピン諸島誌』（大航海時代叢書Ⅶ、岩波書店、一九六六年）
山内　譲『瀬戸内の海賊　村上武吉の戦い』（講談社、二〇〇五年）
渡辺　基「豊臣氏の呂宋壺貿易について」（『史学』第二一巻二号、一九四三年）

引用史料の出典一覧

「青木文書」（『新修　福岡市史　資料編　中世①　市内所在文書』所収、福岡市、二〇一〇年）
「朝河文書」（『大日本史料　第十編之十五』所収）
『浅野家文書』（『大日本古文書　家わけ第二　浅野家文書』）
「芦浦観音寺文書」（草津市史資料集6『芦浦観音寺』所収、草津市教育委員会、一九九七年）
『生野銀山旧記』（日本鉱業史料集刊行委員会編『日本鉱業史料集　第一期近世篇⑤』所収、白亜書房、一九八一年）
「厳島野坂文書」（『広島県史　古代中世資料編Ⅱ』所収、広島県、一九七六年）
「今井宗久書札留」（『堺市史　続編　第五巻』所収、堺市役所、一九七四年）
「石見亀井家文書」（『国立歴史民俗博物館研究報告』第四五集、一九九二年）
「牛尾文書」（『新修　福岡市史　資料編　中世①　市内所在文書』所収）
『宇野主水日記』（『石山本願寺日記　下巻』所収、清文堂出版、一九六六年復刻、一九三〇年初版）
「永青文庫所蔵文書」（『愛知県史　資料編11　織豊1』所収、愛知県、二〇〇三年）

「大阪城天守閣所蔵文書」（『特別展　秀吉家臣団』展図録、大阪城天守閣、二〇〇〇年、五二・一一五頁）
『大和田重清日記』（『高根沢町史　史料編Ⅰ　原始古代・中世』高根沢町、一九九五年）
「おべに孫右衛門縁起」（島根県教育委員会編『石見銀山史料解題　銀山旧記』所収、二〇〇三年）
「香宗我部家伝証文」（『高知県史　古代中世史料編』所収「土佐国古文叢」一〇二一、高知県、一九七七年）
『兼見卿記』（『史料纂集〔古記録編〕新訂増補　兼見卿記』続群書類従完成会、二〇一四年）
「賀茂別雷神社文書」（『史料纂集〔古文書編〕賀茂別雷神社文書22』続群書類従完成会、一九八八年）
『看羊録』姜沆著・朴鐘鳴訳註『看羊録　朝鮮儒者の日本抑留記』（平凡社、一九八四年）
『吉川家文書』（『大日本古文書　家わけ第九　吉川家文書』）
「吉川史料館蔵文書　二宮家文書」（『山口県史　史料編　中世2』所収、山口県、二〇〇一年）
「京都上京文書」（『中世法制史料集　第五巻　武家家法Ⅲ』所収、岩波書店、二〇〇一年）
「京都十六本山会合用書類」（『頂妙寺文書・京都十六本山会合用書類　二』所収「京都十六本山会合用書類」一二書付（一）14金子覚、大塚巧藝社、一九八七年）
『銀山旧記』（島根県教育委員会編『石見銀山史料解題　銀山旧記』所収、二〇〇三年）
「慶長三年蔵納目録」（『大日本租税志　第二冊』所収、清文堂出版株式会社、一九七一年復刻、一九二六年初刊）
「後藤文書」（東京大学史料編纂所架蔵影写本三〇七一・三六・三七）

『駒井日記』（『増補 駒井日記』文献出版、一九九二年）
『小早川家文書』（『大日本古文書 家わけ第十一 小早川家文書』）
『相良家文書』（『大日本古文書 家わけ第五 相良家文書』）
「策彦和尚初渡集」（牧田諦亮編『策彦入明記の研究 上』所収、法蔵館、一九五五年）
「策彦和尚再渡集」（牧田諦亮編『策彦入明記の研究 上』所収、法蔵館、一九五五年）
「佐草家文書」（『佐草家文書』島根県古代文化センター、二〇〇四年）
「佐甲家文書」（『山口県史 史料編 中世4』山口県、二〇〇八年）
「佐世宗孚書案」（山口県文書館所蔵「毛利家文庫二二諸臣三三」）
「薩藩旧記雑録」（『鹿児島県史料 旧記雑録前編・後編』一九七九～八七年）
「四天王寺文書」（『中世法制史料集 第五巻 武家家法Ⅲ』所収）
「渋谷文書」（『広島県史 古代中世資料編Ⅳ』所収、広島県、一九七八年）
『島津家文書』（『大日本古文書 家わけ第十六 島津家文書』）
「諸家引着」（西村圭子「対馬宗氏の『諸家引着』覚書」『日本女子大学紀要文学部』34、一九八四年）
「白井家文書」（『山口県史 史料編 中世2』所収）
『尋憲記』（東京大学史料編纂所写真帳六一七三・五七・七）
「新出厳島文書」（『広島県史 古代中世資料編Ⅲ』所収、広島県、一九七八年）
「石州仁万郡佐摩村銀山之初」（島根県教育委員会編『石見銀山史料解題 銀山旧記』所収）
「尊経閣古文書纂」（『中世法制史料集 第五巻 武家家法Ⅲ』所収）

「大願寺文書」(『広島県史　古代中世資料編Ⅲ』所収)
『大徳寺文書』(『大日本古文書　家わけ第十七　大徳寺文書』二五三三号)
「大明譜」(牧田諦亮編『策彦入明記の研究　上』所収)
「高洲家文書」(山口県文書館　複写資料)
「竹井文書」(『宗像市史　史料編第二巻　中世Ⅱ』所収、宗像市、一九九六年)
「立入家文書」(『禁裏御倉職立入家文書』京都市歴史資料館、二〇一二年)
『多聞院日記』(『増補　続史料大成　多聞院日記』臨川書店)
『籌海図編』(『籌海図編』中華書局、二〇〇七年)
「中書家久公御上京日記」(『鹿児島県史料　旧記雑録後編二』巻八824、鹿児島県、一九八一年)
『朝鮮王朝実録』(日本史料集成編纂会編『中国・朝鮮の史籍における日本史料集成　李朝実録之部』国書刊行会)
『朝鮮陣留書』(山口県文書館所蔵「毛利家文庫　一四軍記四七」)
「長府桂家文書」(『山口県史　史料編　中世3』所収、山口県、二〇〇四年)
「通航一覧」巻二六九(『通航一覧　巻七』所収、国書刊行会、一九一三年)
「鉄炮記」(『鹿児島県史料　旧記雑録拾遺　家わけ四』所収、鹿児島県、一九九四年)
「輝元公御上洛日記」(山口県文書館所蔵「毛利家文庫　一九日記一」)
「当代記」(『史籍雑纂　第二』所収、続群書類従完成会)
『言継卿記』卅二(『言継卿記　第四』所収、国書刊行会、一九一五年)

『言経卿記』（『大日本古記録　言経卿記』岩波書店）
「鳥飼文書」（『新修　福岡市史　資料編　中世①　市内所在文書』所収）
「長井文書」（『新潟県史　資料編5　中世三　文書編Ⅲ』所収、新潟県、一九八四年）
「仲覚三氏所蔵文書」（『郡山町史』所収、郡山町、一九五三年）
「中川四郎氏所蔵文書」（東京大学史料編纂所架蔵影写本三〇七一・七七―一三）
「中島家文書」（「木津屋文書」大田市教育委員会所蔵、石見銀山世界遺産センター保管）
「鍋島家文書」（『佐賀県史料集成　古文書編　第三巻』所収、佐賀県立図書館）
「南航日記残簡」（『藤原惺窩集　巻下』所収、思文閣出版、一九七八年復刻、一九四一年初版）
『日本一鑑』（大友信一・木村晟編『日本一鑑〔名彙〕本文と索引』所収、笠間書院、一九八二年）
『日本図纂』（京都大学文学部国語国文学研究室編『日本寄語の研究』所収、京都大学国文学会、一九六五年）
「野坂家文書」（広島県文書館架蔵写真帳P27―A8）
「野坂文書」（『広島県史　古代中世資料編Ⅲ』所収）
『信長公記』（奥野高廣・岩沢愿彦校注『信長公記』角川書店、一九六九年）
『萩藩閥閲録』（『萩藩閥閲録　第一巻～第四巻』山口県文書館、一九六七年）
『萩藩閥閲録遺漏』（『萩藩閥閲録遺漏』山口県文書館、一九七一年）
「波多野幸彦氏所蔵文書」（波多野幸彦『書の文化史　書状にみる人と書』二二〇・二二一頁写真版、思文閣出版、一九九七年）

「兵庫北関入船納帳」（林屋辰三郎編『兵庫北関入船納帳』中央公論美術出版、一九八一年）
「平吉家文書」（『佐賀県史料集成　古文書編　第十七巻』所収）
「深堀家文書」（『佐賀県史料集成　古文書編　第四巻』所収）
「舟崎文庫所収文書」（『新潟県史　資料編5　中世三　文書編Ⅲ』所収、新潟県、一九八四年）
「譜録　国司木工信処」（山口県文書館所蔵「毛利家文庫　一二三譜録　46」）
「譜録　山県弥三左衛門朝次」（『広島県史　古代中世資料編Ⅴ』所収、広島県、一九八〇年）
「譜録　湯川三郎左衛門常春」（山口県文書館所蔵「毛利家文庫　一二三譜録　ゆ13」）
『豊大閤真蹟集』所収文書（東京大学史料編纂所編『豊大閤真蹟集』東京大学出版会、一九六七年復刊、一九三八年初版）
「松浦文書」（京都大学文学部国史研究室編『平戸松浦家資料』所収、一九五一年）
「饅頭屋町々誌」（『中世法制史料集　第五巻　武家家法Ⅲ』所収）
「右田毛利家文書」（『山口県史　史料編　中世3』所収）
「明光寺文書」（『新修　福岡市史　資料編　中世①　市内所在文書』所収）
「妙心寺米銭納下帳」（「正法山妙心禅寺米銭納下帳」東京大学史料編纂所架蔵影写本三〇五三・三九・1）
『明実録』（日本史料集成編纂会編『中国・朝鮮の史籍における日本史料集成　明実録之部』国書刊行会）
『毛利家文書』（『大日本古文書　家わけ第八　毛利家文書』）
「毛利博物館所蔵文書　大内氏勘合貿易関係史料」（『山口県史　史料編　中世2』所収）

『八代日記』（熊本中世史研究会編『八代日記』青潮社、一九八〇年）
「山口県文書館 毛利家文庫遠用物所収文書」（『山口県史 史料編 中世3』所収）
「横屋文書」（『防長風土注進案13 山口宰判下』所収）
「吉岡家文書」（『石見銀山歴史文献調査報告書Ⅱ 近世初期石見銀山史料集』所収、島根県教育委員会、二〇〇六年）。なお、字句については、原文書および写真版で確認
「寄組 村上家文書」（『山口県史 史料編 中世3』所収）
「寄組 山田家文書」（『山口県史 史料編 中世3』所収）
「臨川寺文書」（『大日本史料 第十編之十五』所収）
『歴代宝案』（『那覇市史 資料篇第1巻4 歴代宝案第一集抄』那覇市役所、一九八六年）
『鹿苑日録』（辻善之助編『鹿苑日録 第二巻』太洋社、一九三五年）

著者紹介

一九六〇年、広島市に生まれる
一九八九年、広島大学大学院文学研究科博士課程後期単位取得退学
福岡市博物館学芸員・安田女子大学助教授・県立広島大学助教授等を経て
現在、広島大学大学院文学研究科教授
博士（文学）

主要著書
『戦国織豊期の貨幣と石高制』（吉川弘文館、二〇〇六年）

歴史文化ライブラリー
404

天下統一とシルバーラッシュ
銀と戦国の流通革命

二〇一五年（平成二十七）七月一日　第一刷発行

著　者　本《ほん》多《だ》博《ひろ》之《ゆき》

発行者　吉川道郎

発行所　株式会社 吉川弘文館
東京都文京区本郷七丁目二番八号
郵便番号一一三—〇〇三三
電話〇三—三八一三—九一五一〈代表〉
振替口座〇〇一〇〇—五—二四四
http://www.yoshikawa-k.co.jp/

印刷＝株式会社 平文社
製本＝ナショナル製本協同組合
装幀＝清水良洋・李生美

ISBN978-4-642-05804-9

歴史文化ライブラリー

1996.10

刊行のことば

現今の日本および国際社会は、さまざまな面で大変動の時代を迎えておりますが、近づきつつある二十一世紀は人類史の到達点として、物質的な繁栄のみならず文化や自然・社会環境を謳歌できる平和な社会でなければなりません。しかしながら高度成長・技術革新にともなう急激な変貌は「自己本位な刹那主義」の風潮を生みだし、先人が築いてきた歴史や文化に学ぶ余裕もなく、いまだ明るい人類の将来が展望できていないようにも見えます。このような状況を踏まえ、よりよい二十一世紀社会を築くために、人類誕生から現在に至る「人類の遺産・教訓」としてのあらゆる分野の歴史と文化を「歴史文化ライブラリー」として刊行することといたしました。

小社は、安政四年（一八五七）の創業以来、一貫して歴史学を中心とした専門出版社として書籍を刊行しつづけてまいりました。その経験を生かし、学問成果にもとづいた本叢書を刊行し社会的要請に応えて行きたいと考えております。

現代は、マスメディアが発達した高度情報化社会といわれますが、私どもはあくまでも活字を主体とした出版こそ、ものの本質を考える基礎と信じ、本叢書をとおして社会に訴えてまいりたいと思います。これから生まれでる一冊一冊が、それぞれの読者を知的冒険の旅へと誘い、希望に満ちた人類の未来を構築する糧となれば幸いです。

吉川弘文館